ZAUBERHAFTE GÄRTEN IN TÖPFEN UND KÜBELN

Nigel Colborn

Zauberhafte Gärten in Töpfen und Kübeln

Tips und Gestaltungsvorschläge
für das ganze Jahr

Fotografien von Marijke Heuff

Christian Verlag

Aus dem Englischen übertragen von Angelika Feilhauer
Redaktion und Register: Angelika Franz
Korrekturen: Anton Sturm
Herstellung: Dieter Lidl
Umschlaggestaltung: Ludwig Kaiser
Satz: Satz & Repro Grieb, München

Art Director: Mary Evans
Designer: Louise Jervis
Illustrationen: Vanessa Luff
Produktion: Mandarin Offset
Druck und Bindearbeiten in Hong Kong

ISBN 3-88472-190-9

Seite 1: *Ein sommerliches Arrangement mit* Lobelia,
*Petunien und Verbenen, die in zarten Blau- und Rosatönen
blühen.*

Seite 2: Convolvulus sabatius *ist ein Halbstrauch
mit niederliegenden Zweigen. Den ganzen Sommer trägt er
blaue Blüten.*

Seite 3: *Zu dieser großartigen Pflanzengruppe gehören*
Euphorbia, *ein Schneeball, Efeu und die frühblühende
Tulpe ›White Emperor‹.*

INHALT

EINLEITUNG

Die Kultur von Topfpflanzen ist einige tausend Jahre alt. Schon 1500 v. Chr. legte die ägyptische Königin Hatschepsut einen Tempelgarten auf nacktem Fels an, wo sie Pflanzgefäße mit dem fruchtbaren Schlamm des Nils füllte, um in dieser unwirtlichen Umgebung exotische Gewächse zu ziehen. Später übernahmen Griechen und Römer die Idee der Topfpflanzenkultur. Auch während der Renaissance wurde sie gepflegt, und so fand sie schließlich ihren Weg in die moderne Zeit. Heute sind Pflanzgefäße nicht mehr wegzudenken, und wie trostlos würden unsere Städte aussehen, wenn es sie nicht gäbe.

Die Verwendung von Pflanzgefäßen eröffnet ganz neue Horizonte, da sie die Begrünung von Orten ermöglicht, an denen sonst nicht einmal ein Grashalm gedeihen würde, und diese in erquickende Oasen verwandelt. Doch selbst in einem großen Garten mit fruchtbarer Erde sollten Pflanzgefäße nicht fehlen, denn sie erlauben rasche Veränderungen, indem sie neu bepflanzt, umgestellt oder sogar durch neue Töpfe ersetzt werden. In kühlen Gegenden können in ihnen empfindliche Pflanzen wachsen, die man während des Sommers nach draußen bringt, aber zum Überwintern ins Haus holt. Darüber hinaus kann man sie mit einem speziellen Pflanzsubstrat füllen und mit Arten bepflanzen, die im Gartenboden nicht gedeihen würden. Sogar Kräuter und Gemüse sehen in Gefäßen sehr dekorativ aus. Mit anderen Worten – bei der Topfpflanzenkultur handelt es sich keineswegs um eine bestimmte Methode, sondern sie vereinigt alle Aspekte der herkömmlichen Pflanzenzucht in sich und eröffnet viele neue Möglichkeiten der Bepflanzung.

Als meine Familie und ich in unser heutiges Haus einzogen, grenzte an seine Rückfront eine scheußliche, nackte Betonfläche. Im ersten Sommer fehlten uns Zeit und Geld, das Grundstück umzugestalten, doch mit zwei Steintrögen und einigen großen Töpfen hatten wir die Fläche im Nu in einen duftenden, farbenfrohen Garten verwandelt. Und wir fanden daran so großen Gefallen, daß die Pflanzgefäße auch an ihrem Platz blieben, nachdem ein neues Pflaster verlegt worden war. Nun sorgen sie rund ums Jahr für bunte Blüten und frisches Grün.

LINKS Flechtenüberzogene Pflanzgefäße sind im Garten reizvolle Gestaltungselemente.

GRUNDREGELN DER TOPFGARTEN- KULTUR

Mit Hilfe von Töpfen können Pflanzen an Plätzen gezogen werden, an denen sonst nichts wachsen würde. Wenn man darüber hinaus einige Grundregeln beachtet und die Bepflanzung gut plant, können Pflanzgefäße praktisch in jeder Situation Blickfänge entstehen lassen, die das ganze Jahr über reizvoll wirken.

Stellen Sie sich beispielsweise eine kahle Terrasse an der Vorderseite eines Hauses vor, auf die Sie vor Ihrem geistigen Auge eine große Bleiwanne aus dem 18. Jahrhundert mit einem Dekor aus Delphinen oder Schwänen setzen, die mit cremefarbenen Tulpen oder duftendem Goldlack bepflanzt ist. Dann der gleiche Platz im Hochsommer: Nun rankt sich das silbergraue Laub der Strohblume *Helichrysum petiolare* über die Seiten der Wanne und läßt einen hellen Kontrast zu dem dunklen, patinaüberzogenen Metall entstehen. Zartrosa Pelargonien (sogenannte Geranien) oder dunkelvioletter Heliotrop, dessen intensiver Duft durch die geöffneten Fenster ins Haus strömt, vervollkommnen das Arrangement.

Das folgende Kapitel möchte ich also den Grundregeln der Planung, Farbzusammenstellung und Standortwahl widmen, die berücksichtigt werden müssen, damit Topfpflanzungen gelingen. Diese Regeln gelten für Dachgärten ebenso wie für enge Durchgänge, eine Hauswand oder Kellertreppen, unabhängig davon, ob Töpfe, Kübel, Ampeln oder Hochbeete bepflanzt werden.

LINKS In Becken oder Trögen kommt die Phloxsorte ›Chattahoochee‹ besonders gut zur Geltung. Hier heben sich die zarten Blüten klar vor dem dunklen Hintergrund aus Immergrünen ab.

PLANUNG

Die Regeln einer guten Gartengestaltung gelten für Töpfe und Blumenkästen ebenso wie für weitläufige Grundstücke. Es lohnt sich daher, sich einige Gedanken darüber zu machen, was einen gewöhnlichen Garten von einem unterscheidet, der ein Labsal für Augen und Seele ist. Der Vergleich mag etwas gewagt sein, doch auch das Paradies wird meistens als Garten dargestellt, und die Geschichte von Adam und Eva hörte sich nicht halb so eindrucksvoll an, wenn die beiden – zum Beispiel – aus der Wohnanlage Eden vertrieben worden wären! Jeder Gärtner sollte es sich zur Aufgabe machen, sein Fleckchen Erde in ein irdisches Paradies zu verwandeln.

Der persönliche Stil

Man kann Gartenanlagen in zwei große Kategorien einteilen, auch wenn dies die Gefahr einer Verallgemeinerung in sich birgt – in formal und in frei gestaltete Gärten.

Die formale Gestaltung bedient sich eines streng geometrischen Grundrisses und starrer Strukturen. Architektonische Elemente wie Mauern, Treppen oder Pergolen sind meist symmetrisch und oft klassisch gestaltet. Die Pflanzungen haben häufig saubere Begrenzungen und beinhalten streng geschnittene Hecken, sich wiederholende Motive und eine beschränkte Farbauswahl.

Auch eine freie Gestaltung kann sich starrer Strukturen bedienen, doch ebenso häufig finden sich geschwungene Linien, und über Treppen oder Mauern ranken sich gewöhnlich fast wie zufällig üppige Pflanzen.

Ein formal gestalteter Garten muß den Eindruck von Ordnung und Symmetrie vermitteln, wohingegen frei gestaltete Gärten zwanglos, wie ein Stück natürliche Landschaft, wirken sollten. Bei guter Ausführung haben beide Gestaltungsstile ihren eigenen Reiz, und es wäre falsch, ein Urteil darüber zu fällen, ob einer gegenüber dem

OBEN Dieser Eingang wird von sorgfältig geschnittenen Immergrünen eingerahmt.

LINKS Eine häßliche Ecke im Garten ist durch schön bepflanzte Gefäße zu einer kleinen Oase geworden.

GEGENÜBER In Töpfen wachsende Funkien und Hortensien machen diese Sitzbank erst vollkommen.

anderen mehr Vorzüge hat. Dies ist allein eine Frage des persönlichen Geschmacks. Tatsächlich vermischen sich in den meisten Gärten beide Stile, und daran ist nichts verkehrt. Man muß sich lediglich darüber im klaren sein, welche Wirkung man wo erzielen will.

Ausgewogenheit

Gartenarchitekten verwenden bauliche Elemente gern allzu großzügig. Bogen, Stufen, Mauern, Hochbeete, Terrassen und Pergolen mögen nützlich sein, um einen einheitlichen Gesamteindruck entstehen zu lassen, doch wirken sie mitunter erdrückend und geraten mit den wichtigsten Elementen des Gartens – den Pflanzen – in Konflikt. Nicht Statuen und Balustraden machen einen Garten friedvoll und einladend, sondern die Vielfalt des lebenden »Inventars«. Dabei kommt Pflanzgefäßen eine wichtige Rolle zu, die nicht nur als strukturierende Elemente eingesetzt werden können, sondern gleichzeitig zusätzliche Möglichkeiten zur Bepflanzung bieten.

In einem gut geplanten Garten ist jede Pflanze Teil der Gesamtstruktur, wobei Bäumen und Sträuchern eine besonders wichtige Funktion zukommt, da sie das Grundgerüst darstellen, das mit Stauden und anderen kleinen Pflanzen ausgefüllt wird. Sie bilden die Umrisse des Gartens und geben ihm optische Stabilität und Höhe. Und sie müssen sommers wie winters alle anderen Elemente zu einem harmonischen Ganzen verbinden.

Kontinuität

Wenn im Sommer die leuchtendbunten, frostempfindlichen Pflanzen ihre ganze Pracht entfalten, ist es nicht schwer, großartige Effekte im Garten zu erzielen. Soll er jedoch auch im Winter interessant bleiben, ist eine sorgfältige Planung erforderlich.

Gewiß wird es Höhe- und Tiefpunkte geben, da nicht alle Pflanzen zu jeder Zeit schön aussehen. Die Kunst besteht darin, Pflanzungen so zu gestalten, daß sie auch während Ruheperioden lebendig wirken, ohne dadurch ihre Glanzzeiten im Frühjahr und Herbst zu schmälern. Und je kleiner eine Fläche ist, um so größere Bedeutung kommt einer guten Planung zu.

Jede Pflanze muß danach beurteilt werden, welchen Beitrag sie im Laufe eines Jahres leistet. Zu welcher Zeit ist sie am schönsten? Wie lange blüht sie? Möglicherweise wiegt eine fünf Wochen währende Farbenpracht 47 Wochen Langweiligkeit nicht auf. Wie sieht das Laub aus? Trägt es positiv

OBEN Eine Kletterpflanze wie Rhodochiton atro-sanguineus *sorgt durch ihren hohen Wuchs und ihre Form für Abwechslung im Garten.*

UNTEN Origanum rotundifolium *und seine Hybriden gedeihen in Pflanzgefäßen ausgezeichnet. Sie vertragen sowohl Hitze als auch Trockenheit.*

zum Gesamteindruck des Gartens bei? Insbesondere bei ausdauernden Pflanzen spielen diese Fragen eine wichtige Rolle.

Wo der Platz begrenzt ist, muß das Laub von immergrünen Bäumen das ganze Jahr hindurch dekorativ sein. Sommergrüne Arten sollten eine schöne Herbstfärbung oder Zweige haben, die auch im Winter reizvoll wirken. Darüber hinaus müssen sie sich als Hintergrund für die anderen Pflanzen eignen. Dem Laub kommt im Garten stets große Bedeutung zu, vor allem im Winter, wenn nur wenig blüht. Immergrüne Sträucher nehmen da eine besondere Stellung ein, ebenso wichtig aber sind kriechende Pflanzen und andere niedrige Gewächse wie etwa Efeu. Buntlaubige Formen können im Winter für Farbe sorgen, sollten aber mit Vorsicht verwendet werden. Besonders wertvoll sind Winterblüher, und am nützlichsten sind natürlich Pflanzen, die im Winter blühen und während des Sommers dekoratives Laub tragen.

Kurzum, bei der Bepflanzung eines Gartens muß darauf geachtet werden, daß das ganze Jahr hindurch für Farben und Blickfänge gesorgt ist. Dabei haben Pflanzgefäße oft eine wichtige Funktion, da man mit ihrer Hilfe während langweiliger Perioden weitere Pflanzen in die Gartengestaltung miteinbeziehen kann.

Vorlieben

Freude macht, was gefällt. Wie auch immer ein Garten aussieht, niemand wird sich gern um Pflanzen kümmern, die er nicht mag. Vor allem auf begrenztem Raum sollte man keine Pflanze ziehen, an der man keinen Spaß hat. Versuchen Sie nur Pflanzen zu verwenden, die Ihnen wirklich Vergnügen bereiten – sei es wegen ihrer Farbe, ihres besonderen Duftes, ihrer Ungewöhnlichkeit oder auch romantischer Erinnerungen.

In meinem Garten wachsen wilde Kornblumen, die viel kleiner als die modernen Neuzüchtungen sind, doch ihr Azurblau entzückt mich einfach deshalb immer wieder, weil ich die ersten Samen im Weizenfeld eines Bauernhofes in der Auvergne gesammelt habe, als meine Kinder noch so klein waren, daß ihnen die Ähren bis zum Kinn reichten.

Immer wenn ich die Blumen ansehe, kehrt die Erinnerung daran zurück.

Auswahl der Pflanzen

Auch wenn man nur Pflanzen halten sollte, die man mag, darf man nicht um jeden Preis Arten ziehen wollen, die für den vorgesehenen Standort nicht geeignet sind. Dies kann nur mit einem Mißerfolg enden oder, was noch schlimmer ist, mit traurigen Gewächsen, die den restlichen Garten verunzieren. In einem solchen Fall können Gefäße nützlich sein, weil sich hier einige Wachstumsfaktoren beeinflussen lassen, etwa durch die Wahl des Pflanzsubstrats. Dennoch ist es empfehlenswert, sich auf Pflanzen zu beschränken, die keiner zu umfangreichen Sonderbehandlung bedürfen, um gesund zu bleiben und zu gedeihen.

Pflanzenarrangements

In gewissen Kreisen ist es modern geworden, von »Pflanzenassoziationen« zu reden, aber gemeint ist lediglich, daß Pflanzen in harmonischen Gruppen zusammengesetzt werden sollten. Hierbei sind einige naheliegende Dinge zu berücksichtigen, wie etwa die Größen der Pflanzen. Anders ausgedrückt: Man darf niedrige Arten nicht durch hohe verdecken, also beispielsweise Veilchen nicht unter eine Rhabarberstaude setzen. Darüber hinaus gibt es jedoch noch andere diffizile Punkte zu beachten.

Gute Farbkombinationen sind eine Frage der künstlerischen Begabung wie auch der persönlichen Vorlieben und viel leichter zu beschreiben als zu verwirklichen. Ein weiterer zu berücksichtigender Aspekt sind die Kontraste, die die Strukturen, Formen und Größen der Blätter bilden, etwa wenn Zartes mit Kräftigem, Rauhes und Geädertes mit Glattem und Glänzendem oder Steifes und Schwertförmiges mit Farnartigem und Gewelltem zusammentrifft.

Pflanzgefäße eröffnen eine Reihe zusätzlicher Möglichkeiten, schöne – aber auch häßliche – Arrangements zu schaffen, da Farbe, Struktur, Form und Größe der Gefäße selbst auf die Bepflanzung wie auf die Umgebung abgestimmt werden müssen. Andererseits sind Töpfe beweglich und können ganz nach Belieben umgestellt werden, wenn die Pflanzen größer werden oder man seinen Geschmack ändert.

Ein schöner Garten braucht seine Zeit, und ein kluger Gärtner nimmt immer wieder Veränderungen vor, um ihn zu vervollkommnen. Selbst Ger-

OBEN Vor einer mit Kletterpflanzen begrünten Mauer lenkt eine hohe Nicotiana sylvestris *die Blicke auf sich.*

UNTEN Phygelius aequalis ›Yellow Trumpet‹ *entwickelt den ganzen Sommer über hellgelbe Blüten, die einen zarten Kontrast zu den Blättern bilden.*

*OBEN   Diesem bunten Arrangement aus Sommer-
blumen, die in unkonventionellen Gefäßen wachsen, gibt
ein Fremontodendronbäumchen optische Stabilität.*

*OBEN   Hohen Stauden oder kleinen Bäumchen können
als Schmuck niedrige Pflanzen wie diese* Impatiens *zu
Füßen gesetzt werden.*

trude Jekyll, eine bekannte englische Garten-
gestalterin des beginnenden 20. Jahrhunderts,
benötigte 40 Jahre, bis sie mit den Beeten in ihrem
eigenen Garten vollkommen zufrieden war.

   Bei der Zusammenstellung von Pflanzen sollte
man nicht allein ihr Aussehen berücksichtigen. In
schönen Gärten spielt auch der Duft eine wichtige
Rolle, den nicht nur Blüten verströmen. Einige
Pflanzen, wie beispielsweise die Zitronenmelisse
(Melissa officinalis), sind schon allein wegen des
frischen Geruchs ihrer Blätter lohnende Pflanz-
objekte. Wieder andere fühlen sich einfach großartig an. Diese Form des Erlebens ist vor allem für

Menschen von Bedeutung, die schlecht sehen. Es
kann ein wunderbares Gefühl sein, die pelzigen
Blätter von *Stachys byzantina* oder die aufspringen-
den Knospen einer Fuchsie zu berühren. Selbst
Geräusche können zum Reiz eines Gartens beitragen, etwa wenn der Wind in einer Kiefer säuselt
oder die Blätter einer Zitterpappel rauschen.

Realistische Vorgehensweise

Jeder Garten hat seine Eigenheiten, denen man
als Gärtner in irgendeiner Weise gerecht werden
muß. Viele Gartenbuchautoren scheinen aller-

dings davon auszugehen, daß ihre Leser Karriere und Familie aufgeben, um sich ihren kostbaren Pflanzen zu widmen, oder sich Gärten wünschen, in denen man überhaupt nichts zu tun braucht. Es gibt jedoch eine Menge Leute, deren Zeit zwar knapp bemessen ist, die aber dennoch gern einmal Unkraut jäten oder Pflanzen aussäen und an Gartenarbeiten eine ebensolche Freude haben wie an den Resultaten.

Bei der Anlage und Planung eines Gartens – insbesondere bei der Verwendung von Pflanzgefäßen – sollte man unbedingt überlegen, wieviel Zeit man für die Pflege erübrigen kann. Wer selten zu Hause ist, braucht möglicherweise ein automatisches Bewässerungssystem und entscheidet sich besser für Pflanzen, die es nicht übelnehmen, wenn man sich einmal nicht um sie kümmert. Wer in seiner Freizeit gern gärtnert und experimentiert, sollte seine Sommerpflanzen aus Samen ziehen oder sich mit der Vermehrung von Pflanzen beschäftigen.

Wichtig ist auch, die Wachstumsbedingungen in einem Garten zu kennen. Tages- und Nachttemperaturen, vorherrschende Windrichtung, durch angrenzende Gebäude verursachte Luftwirbel, Himmelsrichtung und Lichteinfall lassen eine einzigartige Situation entstehen, die bei der Bepflanzung des Gartens stets berücksichtigt werden muß. Selbst in einem reinen Topfgarten kann man die negativen Auswirkungen einiger dieser Faktoren durch die Art der Bepflanzung minimal halten und sich die positiven zunutze machen. So sieht ein Windschutz aus Pflanzen beispielsweise reizvoller aus als ein schlechter Zaun, und auf der dem Wind abgewandten Seite können darüber hinaus empfindlichere Pflanzen wachsen. Und ein Baldachin aus Kletterpflanzen kann nicht nur als Schmuck dienen, sondern auch anderen Pflanzen, die unter ihm wachsen, Schatten spenden.

UNTEN Echeveria *und* Cistus lusitanicus *brauchen nur wenig Wasser und sind ideal für heiße, trockene Standorte.*

DIE WAHL DER FARBEN

Eigentlich glaube ich nicht, daß ich Ihnen etwas über Farben erzählen kann, das Sie nicht ohnehin wissen. Vermutlich haben Sie bereits Ihr Heim nach Ihrem Geschmack gestaltet und recht genaue Vorstellungen davon, welche Farben Sie mögen und welche nicht.

Gartenbuchautoren neigen aber gelegentlich dazu, Gesetze über »guten Geschmack« aufzustellen. Doch was heißt das? Beweisen leuchtende Farben einen schlechten Geschmack? Ist es falsch, sich an Gladiolen oder bunten Dahlien zu freuen? Und Vorsicht: Die gleichen Autoren versuchen Ihnen glauben zu machen, großblumige Hybri-

den seien vulgär, stöhnen verzückt wegen eines Blattes, das eine kaum sichtbare goldene Äderung hat, oder verfallen in einen Begeisterungstaumel wegen eines seltsamen Krautes, das vermutlich irgendein exzentrischer Adliger in den südlichen Alpen gefunden hat, während ein bodenständigerer Gärtner das Blatt für krank halten und das Unkraut schlichtweg jäten würde.

Die Farbwahl ist eine Sache des persönlichen Geschmacks und sollte es auch bleiben. Im Garten gibt es jedoch bei der Planung von Pflanzungen einige besondere Gesichtspunkte, die es zu berücksichtigen gilt.

OBEN   Aus cremeweißen Stiefmütterchen, Veronica
gentianoides *und Vergißmeinnicht ist eine zarte*
»Blumenwiese« entstanden.

OBEN LINKS   Kleine Farbtupfer mit großer Wirkung
setzen diese roten Dahlien, die eine bezaubernde Gruppe
von Grünpflanzen beleben.

OBEN RECHTS   Die weißen Blüten der Impatiens *und*
des höheren Wandelröschens (Lantana) heben sich
schön von dem grünen Laub ab.

RECHTS   Die roséroten Blüten der Verbenensorte
›Sissinghurst‹ bilden einen wunderbaren Kontrast zu
dem silbrigen Beifuß.

RECHTS Tropaeolum peregrinum *ist eine unkomplizierte Einjahresblume, die fast den ganzen Sommer über blüht und auch schönes Laub hat. Die Anzucht erfolgt im Frühjahr aus Samen.*

UNTEN Hier ist aus Plumbago auriculata *und Fenchel, der bereits Fruchtstände trägt, ein entzückend zwangloses Arrangement entstanden.*

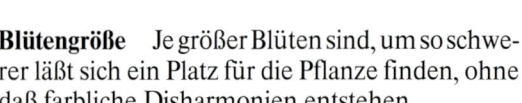

Blütengröße Je größer Blüten sind, um so schwerer läßt sich ein Platz für die Pflanze finden, ohne daß farbliche Disharmonien entstehen.

Stellen Sie sich zur Veranschaulichung eine Wildblumenwiese vor, auf der gelber Hahnenfuß, rosa Lichtnelken, blauer Ehrenpreis, rostroter Ampfer, violette Wicken und scharlachfarbener Gauchheil glücklich nebeneinander wachsen und zusammen ein entzückendes Bild entstehen lassen, dessen Farben perfekt harmonieren.

Nun denken Sie als Gegensatz dazu an eine Rabatte, in der leuchtendvioletter Storchschnabel neben scharlachrotem Mohn vor einer lachsrosa Rose wächst, an der sich eine pflaumenfarbene Klematis emporrankt. Zur Vervollständigung des Bildes setzen wir noch eine ockergelbe Dahlie von der Sorte mit den gewaltigen, 30 Zentimeter großen Blüten in die Mitte und fassen das Beet mit orangefarbenen Ringelblumen und blutroten Salvien ein.

In dieser Rabatte können die Farben nicht harmonieren, weil die Blüten zu groß sind. Sie lassen große Farbkleckse entstehen, während die Blumen auf der Wiese wie die winzigen Tupfen eines pointillistischen Gemäldes zusammenwirken. Je größer Blüten also sind, um so schwieriger ist es, den richtigen Platz innerhalb eines Pflanzenarrangements für sie zu finden.

Anzahl der Farben Je weniger Farben man verwendet, um so leichter können sie abgestuft und kombiniert werden. Lockere, rustikale Pflanzungen sind gewöhnlich bunter als formal angelegte Beete, doch wenn zu viele Töne zusammenkommen, entsteht eine Disharmonie der Farben und der Eindruck von Unordnung.

Blau- und Gelbtöne können beispielsweise in Kontrast gesetzt werden, und in diesem Farbspektrum gibt es eine große Auswahl an Pflanzen. Doch sobald man die Grenzen dieses Spektrums

LINKS *Frühjahrsblühende Zwiebelblumen sind ideale Topfpflanzen. Diese frühen Tulpen bilden einen reizvollen Kontrast zu den Vergißmeinnicht.*

UNTEN *Auch während des Sommers spielen diese in kunstvolle Formen gestutzten immergrünen Pflanzen eine wichtige Rolle im Garten. Im Winter sind sie oft die einzigen interessanten Blickfänge.*

hin zu Violett und Orange überschreitet, gelten andere Regeln, und selbst wenn sie gut zusammenpassen, kann die gemeinsame Verwendung aller vier Farben ein einziges Durcheinander entstehen lassen.

Wechsel der Jahreszeiten   »Planen Sie Ihren Garten so, als würden Sie einen Raum einrichten«, sagen einige Gartenfachleute. Aber in welchem Zimmer ändern sich schon täglich Formen und Farben? Bei welcher Inneneinrichtung wirken die Farben im Morgentau eines Spätfrühjahrtages intensiv und klar, erscheinen sechs Wochen später jedoch matt und verwaschen? Wo sind die Wände und Vorhänge eines Wohnzimmers im Frühjahr und Sommer grün, im Herbst goldgelb, rot und braun und im Winter grau? In einem Garten findet anders als in einem mit künstlichen Farben gestalteten Innenraum ein fließender Wechsel statt, dem man sich anpassen muß.

Unter Berücksichtigung dieser Faktoren, die für bepflanzte Gefäße ebenso gelten wie für jede andere Gartengestaltung, wählen Sie Farbenkombinationen nach Ihrem persönlichen Geschmack. Farben lassen sich grob in die Kategorien »warm« und »kalt« einordnen, und die Übersicht auf Seite 20 und 21 enthält Beispiele für beide Farbspektren, wobei die Pflanzen nach Jahreszeiten und Typ eingeteilt wurden.

Von besonders großem Wert für Pflanzungen ist silbriges Laub, da es fast mit jeder Farbe harmoniert. Leuchtendes Rot oder lebhaftes Rosa wird durch Silber gedämpft, während es die weiche, kühle Wirkung von Blau- und Cremetönen verstärkt. Glücklicherweise gibt es eine große Auswahl an silberblättrigen Gewächsen, und wenngleich die meisten von ihnen warme, trockene Wachstumsbedingungen bevorzugen, gedeihen einige Pflanzen wie etwa *Salix lanata* auch im Schatten gut.

Warme Farben

Leuchtendes Gold, Rosttöne, Rot, kräftiges Gelb und Orange

	STRÄUCHER	STAUDEN
FRÜHJAHR	Azaleen: ›Gibraltar‹ – flammendorangefarben; Molle-Hybriden – orangefarben, lachsrosa und rot; ›Nancy Waterer‹ – kräftiggelb. Berberitzen: *Berberis stenophylla* – gelbe Blüten; *Berberis thunbergii* ›Atropurpurea Nana‹ – violettes Laub. *Choenomeles superba:* ›Crimson and Gold‹; ›Rowallane‹ – blutrot. *Cornus alba:* ›Spaethii‹ – gelbe Zeichnung, rote Triebe; ›Westonbirt‹ – grüne Blätter, karminrote Triebe. *Forsythia intermedia:* ›Lynwood‹ – gelb. Rhododendren: ›Elisabeth Hobbie‹ – blutrot; ›Elizabeth‹ – scharlachrot; ›Gigha‹ – weinrot. *Ribes sanguineum:* ›Brocklebankii‹ – goldene Blätter, rote Blüten. *Spirea:* ›Goldflame‹ – orangefarbene Blätter.	Goldlack – insbesondere scharlachrote, orangefarbene und gelbe Sorten. Primeln: *Primula-Elatior-Hybriden* – rot, orangefarben oder gelb. Winterblühende Stiefmütterchen: ›Universal Apricot‹ – orangefarben; ›Universal Yellow‹ – gelb. *Trollius* (Trollblume) – orange und gelb. Tulpen: ›Apeldoorn‹ – rot; ›Golden Harvest‹ – gelb; ›Princess Irene‹ – orangefarben; ›Shakespeare‹ – lachsrot.
SOMMER	Alle Sträucher mit goldenem oder bronzefarbenem Laub. Bougainvillea – orangefarben, lachsrot oder violett. *Buddleia weyeriana* – lachsrot oder orangefarben. *Euphorbia pulcherrima* (Weihnachtsstern) – rot. *Euryops pectinatus* – kräftiggelb. Rosen: ›Canary Bird‹ – leuchtendgelb; ›Maigold‹ – orangefarben; ›Scarlet Fire‹ (Scharlachglut).	Begonien: ›Nonstop‹ – rot, gelb, orangefarben, rosa oder weiß. *Eschscholzia* (Goldmohn) – orangefarben, gelb, lachsrot oder zitronengelb. Kapuzinerkresse – rot, orangefarben, gelb. Petunien: viele Sorten, insbesondere ›Crimson Star‹ – rot und weiß; ›Razzle Dazzle‹ – gemischt und weiß; ›Red Picotee‹ – rot. Ringelblumen: viele Sorten, alle orangefarben oder gelb. *Tagetes:* viele Sorten, alle orangefarben oder gelb.
HERBST	Fast alle sommergrünen Sträucher. *Cotoneaster:* die meisten Arten – rote Früchte. *Pyracantha:* ›Orange Glow‹ – orangefarbene Früchte; *Pyracantha atalantioides* – rote Früchte. Stechpalme: *Ilex aquifolium* und Sorten – rote, gelbe und orangefarbene Früchte.	Chrysanthemen – alle bronzefarbenen oder gelben Sorten. *Crocosmia:* ›Emily Mackenzie‹ – orangefarben; ›Solfatare‹ – gelb, bronzefarbenes Laub. *Iris foetidissima* – orangefarbene Früchte. *Rudbeckia:* ›Goldilocks‹ – gelb mit schwarzer Mitte; ›Marmalade‹ – orangefarben; ›Rustic Dwarfs‹ – mahagoni- bis orangefarben.

Kalte Farben

Hellblau, Zitronengelb, Weiß, Dunkelgrün, unreines Weiß bis Rosa oder Rosalila,
silbriges Laub, blaugrünes Laub

	STRÄUCHER	STAUDEN
FRÜHJAHR	*Exochorda macrantha* – reinweiß. *Myrtus communis* – immergrün mit weißen Blüten. *Pieris japonica* – immergrün, kleine weiße Blüten. Rhododendren: *Rhododendron yakushimanum* und *Rhododendron*-Hybriden – Rosatöne; ›Blue Tit‹ – blau; ›Chink‹ – blasses Gelbgrün.	Hyazinthen: ›City of Haarlem‹ – cremefarben; ›Delft Blue‹ – blau; ›L'Innocence‹ – weiß. Krokus: blaue und weiße Sorten, insbesondere ›Violet Queen‹, ›Pickwick‹ – gestreift. *Lathyrus vernus* var. *cyanus* – tiefblau. Lunaria rediviva – fliederweiß. Narzissen: ›Paper White‹ – weiß, *Narcissus poeticus* – weiß, rote Mitte; ›Jenny‹ – cremefarben, sich weiß verfärbend, gebogene Blütenblätter. *Pulmonaria saccharata* – blaue Blüten, gefleckte Blätter. Tulpen: ›Groenland‹ – rosa und grün; ›Purissima‹; ›Spring Green‹ – weiß und grün; ›White Triumphator‹ – weiß. Vergißmeinnicht: alle Sorten.
SOMMER	*Buddleia:* ›Lochinch‹ – blaßblau; ›White Cloud‹ – weiß. *Caryopteris clandonensis* – silbrigblau. *Ceanothus:* ›Blue Mound‹; ›Cascade‹ – blau. *Philadelphus* ›Manteau d'Hermine‹ – weiß. *Viburnum plicatum* – weiß.	Alle Pflanzen mit silbrigem Laub. *Ageratum:* viele Sorten – blau. *Aquilegia alpina* – blau. *Campanula isophylla* – blau oder weiß. *Geranium:* ›Buxton's Blue‹ – blau; *Geranium clarkei* ›Kashmir White‹ – blau; *Geranium pratense* – blau. *Impatiens:* viele Sorten. Petunien: ›Resisto Blue‹ – blau; ›Super Cascade Lilac‹ – fliederfarben; ›Yellow Magic‹ – gelb.
HERBST	*Ceanothus* ›Autumnal Blue‹. *Ceratostigma willmottianum* – tiefblau. Choisya ternata (Orangenblume) – weiße Blüten (zweite Blüte). *Clerodendrum trichotomum* – weiße Blüten, blauschwarze Früchte. Koniferen (blau): insbesondere *Chamaecyparis lawsoniana* ›Pembury Blue‹; *Chamaecyparis pisifera* ›Boulevard‹; *Picea glauca*. Rosen: ›Prosperity‹ – zitronengelb, spätblühend. *Sorbus cashmiriana* – weiße Früchte. Stechpalme: *Ilex aquifolium* ›Silver Milkmaid‹ – blaß gezeichnet. *Viburnum farreri* – weiß.	*Aconitum carmichaelii* (Eisenhut) – blau. Astern: insbesondere *Aster frikartii* ›Mönch‹ – lavendelblau; *Aster novi-belgii* – blaue Formen; *Aster thomsonii* – lavendelblau. Chrysanthemen – cremefarbene und weiße Formen. *Gentiana asclepiadea* – tiefblau. *Kniphofia* ›Percy's Pride‹ – grünlichgelb. *Schizostylis coccinea:* ›Alba‹ – weiß.

Verschiedene Standorte

Mit der Gestaltung besonderer Gartentypen werden wir uns noch in späteren Kapiteln beschäftigen, bevor man jedoch für einen herkömmlichen Garten oder einen Topfgarten Gefäße auswählt, sollte man feststellen, unter welchen Bedingungen die für sie vorgesehenen Pflanzen wachsen müssen. Bei den drei folgenden Beispielen handelt es sich um typische Situationen.

Kühler Halbschatten

Diese Situation ist aus vielen Gründen alles andere als ideal, dennoch wird man sie in vielen Stadtgärten antreffen. Möglicherweise besteht das Problem – sofern Schatten als Problem angesehen wird – darin, daß der Garten keine oder nur wenig Sonne erhält, weil angrenzende hohe Gebäude oder Bäume tiefen Schatten erzeugen. In heißen Gegenden kann Schatten zweifellos vorteilhaft sein, doch in gemäßigten Zonen schränkt er die Auswahl der Pflanzen erheblich ein, vor allem

OBEN *Farne und Funkien stehen gern kühl und schattig, trockenen Boden mögen sie jedoch nicht. Sie sollten daher nicht an Stellen gepflanzt werden, an denen ein regelmäßiges Wässern schwierig ist. Bei diesem Paar sorgen Blattformen, Strukturen und Farben für aufregende Kontraste.*

GEGENÜBER Hydrangea macrophylla *ist als Topfpflanze gut geeignet und in vielen Sorten mit unterschiedlichen Blütenformen erhältlich. Einige Hortensien bekommen blaue Blüten, wenn man sie in sauren Boden pflanzt.*

dort, wo auch noch trockener Boden vorherrschend ist.

Heute ist es einfacher geworden, solche dunkle Ecken aufzuheitern, da auf dem Markt *Impatiens* in vielen Farben angeboten werden, die auch im Schatten üppig blühen. Man darf jedoch nicht vergessen, daß manche Farben, insbesondere Lachs, Orange und Scharlachrot, an dunklen Stellen fast leuchten, was nicht immer als angenehm empfunden wird. Tiefblau hingegen, das in der Sonne wunderschön aussieht, verschwindet im Schatten fast ganz.

Weiß ist für schattige Plätze sehr nützlich, doch müssen zwei Punkte berücksichtigt werden: Zum einen sieht Weiß bei jeder Pflanzenart anders aus, weshalb bei zwei nebeneinander wachsenden Arten eine immer weniger weiß als die andere wirkt, und zum anderen nehmen weiße Blüten häufig die Farben ihrer Nachbarn an. Beide Eigenschaften müssen kein Nachteil sein, doch sollte man sie bei der Gestaltung nicht aus dem Auge verlieren.

Ich bevorzuge für Pflanzungen im Schatten helle Blüten, die tagsüber ihre Feinheiten zeigen, während sie in der Dämmerung zu leuchten beginnen. Und wenn man hier und dort einen dunkleren Farbtupfer dazwischensetzt, werden die hellen Töne der übrigen Pflanzen noch zusätzlich betont.

Für die Grundpflanzung eignet sich kriechender Efeu wunderbar. Besonders schön sind Sorten wie ›Eva‹, die mittelgroße, graugrüne Blätter mit einer weißen Zeichnung hat, aber auch jede andere Form mit hellem Laub ist verwendbar. Wo nur geringe Frostgefahr besteht, können auch immergrüne Pflanzen wie Lorbeer, Myrte oder Zitrusbäumchen – etwa eine kleine Zitrone oder die Calamondin-Orange *Citrus microcarpa*, deren weiße Blüten intensiv duften – gepflanzt werden. Bei den Blautönen ist die Bleiwurz sehr schön, die herrliche Blütenschleier entwickelt und als Kletterpflanze schließlich einen Schutzschirm entstehen läßt.

Weiche Creme- und Weißtöne niedrigerer Blumen führen das Thema der kalten Farben fort. *Phygelius aequalis* ›Yellow Trumpet‹ mit seinen zart zitronenfarbenen Blüten blüht beispielsweise die gesamte Wachstumsperiode hindurch und paßt sehr gut zu Blautönen wie auch zu wärmeren

Farben. Um aufregendere Effekte mit weißen Blüten zu erzeugen, können *Impatiens* wie ›Accent White‹ oder weiße Azaleen gepflanzt werden, die vor allem zu smaragdgrünen Farnen einen großartigen Kontrast bilden.

In kühleren Lagen sorgen Zwergrhododendren wie *Rhododendron yakushimanum* oder seine Hybriden mit ihrem rostig-grünen Laub das ganze Jahr hindurch für Farbe, die wunderbaren Frühjahrsblüten welken jedoch relativ rasch. Wo es im Winter für die Bleiwurz zu kalt wird, kann ein Schutz aus verschiedenen Klematissorten gepflanzt werden, deren Farben von Weiß über Blau bis Violett und Weinrot reichen. Da aber Klematis im Winter häßlich aussehen, sollte man zusätzlich immergrüne Kletterpflanzen verwenden, möglicherweise wiederum Efeu.

Der Frühling kann mit Duftveilchen verschönert werden. Den herrlichsten Duft haben jedoch gefüllte Parmaveilchen wie ›Marie Louise‹ (violettblau) oder ›Compte Brazzi‹ (weiß), bei denen sogar die Blätter Veilchenduft verbreiten. Zu ihnen passen weiße Hyazinthen und vielleicht einige weiße Narzissen wie ›Paper White‹, *Narcissus poeticus* oder die große weißblühende Tulpe *Tulipa fosteriana* ›Purissima‹, die manchmal auch unter dem Namen ›White Emperor‹ erhältlich ist. Wenn man die Zwiebeln tief genug pflanzt, können sie jahrelang an ihrem Platz bleiben. Elfenbeinfarbener Goldlack oder der weißblühende, buntlaubige Silberling *Lunaria annua* ›Alba Variegata‹ wären hier im Frühjahr eine weitere wunderbare Ergänzung, die all die zarten Farben harmonisch verbindet.

Im Sommer können vorübergehend neue aufregende Farben hinzukommen. Man kann weiterhin kalte Farben verwenden, etwa mit leuchtendweißen *Lantana* oder pfauenblauen *Salvia patens*, oder man wechselt zum Orangespektrum über und pflanzt nun *Begonia cucullata*. Eine weitere Möglichkeit wäre eine schlichte Pflanzung mit weißen Rosen, unter denen Steinkraut wächst. Auch einige Pelargonien können hier lange Zeit Blüten tragen, obwohl sie an sonnigen Plätzen prächtiger blühen. Die F1-Hybride ›Ringo White‹ hat großartige leuchtendgrüne Blätter und reinweiße Blüten, ›Hollywood Star‹ rosafarbene Blüten, die zur Mitte hin weiß werden.

Das weiß-grüne Farbthema kann mit verschie-

OBEN   Ein halbes Faß mit einer voll erblühten Funkie macht diese Ecke zu einem Blickfang. Solange ihre Wurzeln kühl stehen, fühlen sie sich in Töpfen sehr wohl.

denen Arten schattenliebender Farne fortgeführt werden, die nicht nur eine große Bandbreite interessanter Blattformen bieten, sondern häufig auch immergrün sind. Die im Frühjahr erscheinenden neuen Wedel mit ihrer frischen Farbe und grazilen Anmut machen sie zu reizenden Gefährten der Blüten.

Die Zimmerkalla *Zantedeschia aethiopica* hat nicht nur riesige weiße Blüten, sondern auch auffällige Blätter, die einen großartigen Kontrast zu Farnen bilden. Sie braucht aber feuchte Erde mit einem hohen Torfanteil, um gut zu gedeihen. Daneben werden auch Hybriden mit farbigen Blüten und geflecktem Laub angeboten.

Tiefer Schatten

Für wirklich dunkle Plätze ist die Pflanzenauswahl sehr beschränkt. Dennoch gibt es Pflanzen,

OBEN Selbst auf kleiner Fläche können großblättrige Pflanzen wie Schaublatt, Farne und eine junge Banane den Eindruck von Üppigkeit entstehen lassen.

liche Pflanze trägt sie rote Beeren, sofern es in der Nähe irgendwo männliche Pflanzen gibt. In tropischen Lagen kann *Ficus benjamina* wie Lorbeer geschnitten und erzogen werden.

Stauden blühen in tiefem Schatten selten gut, anders ist es jedoch bei Zwiebelblumen, die ihre Nahrungsreserven bereits im vorangegangenen Jahr gespeichert haben. Allerdings müssen sie jedes Jahr erneuert werden. Da zarte Farben an dunklen Stellen am besten zur Geltung kommen, sind hier weiße Narzissen und Hyazinthen eine gute Wahl, die obendrein noch wunderbar duften. Maiglöckchen mit ihren hübschen steifen Blättern blühen selbst in tiefem Schatten und trockenem Boden. Man sollte sie allein wegen des Duftes ihrer Blüten pflanzen, die jedoch im Verhältnis zu den Blättern recht unscheinbar sind.

Im Sommer spielt farbenfrohes Laub eine größere Rolle als bunte Blüten. Die Gänsekresse *Arabis ferdinandi-coburgi* ist eigentlich recht klein für ihren hochtrabenden lateinischen Namen, aber sie hat schöne weiß-grüne Blattrosetten, die sich bei schlechtem Wetter rötlich verfärben und offenbar selbst in tiefem Schatten zufrieden gedeihen. Auch einige der sukkulenten *Sedum*-Arten werden sich dort ausbreiten, wenngleich sie nur wenige Blüten entwickeln. Dies gilt nicht für *Saxifraga urbium*, eine hübsche, unkomplizierte Pflanze mit ledrigen Blättern und zartrosa Blütenständen, von der es auch eine buntblättrige Form gibt, die im Winter für Farbe sorgt.

Heiße, pralle Sonne

Wo es im Sommer nur wenig regnet, die Tage lang und heiß sind und der Garten in praller Sonne liegt, ist das größte Problem gewöhnlich Wassermangel. Wer aber gewährleisten kann, daß die Pflanzen stets genügend Wasser bekommen, weil er emsig gießt oder aber ein gutes automatisches Bewässerungssystem installiert hat, dem steht eine enorme Palette an Pflanzen zur Auswahl.

Da Farben durch die heiße, helle Sonne gedämpft werden, wirken Töne, die im Schatten grell und schreiend aussehen, im gleißenden Sonnenschein vielleicht angenehm intensiv. So bilden orangefarbene Dahlien, Kapuzinerkresse oder Ringelblumen einen wunderbaren Kontrast zum Blau eines wolkenlosen Himmels. In bestimmten

die auch unter freudlosesten Verhältnissen wachsen, und ihre Überlebenschancen erhöhen sich enorm, wenn ihnen die sonstigen Wachstumsbedingungen zusagen. Mit anderen Worten: Sie müssen gut gedüngt, in sorgfältig ausgewählte Gefäße gepflanzt und frei von Schädlingen und Krankheiten gehalten werden.

Kleine Bäume können in Kübeln recht gut gedeihen, und möglicherweise ist zu ihren Füßen sogar noch Platz für andere Gewächse. Lorbeerbäume sind oft erstaunlich robust, vor allem wenn sie geschnitten werden, und können im Schatten gut wachsen; starken Frost mögen sie jedoch nicht. Winterhärter sind viele Stechpalmen, die sich ebenfalls gut für einen Formschnitt eignen und sich in Kugel- oder Säulenform stutzen lassen. Die Sorte *Ilex aquifolium* ›Green Pillar‹ hat von Natur aus einen Säulenwuchs, und als weib-

Situationen können sogar leuchtendes Rot und feuriges Orange nebeneinandergesetzt werden und harmonisch wirken.

Angesichts all der herrlichen leuchtenden Sommerfarben kann man leicht die trüberen Monate vergessen. Eine Grundpflanzung, die auch im Winter interessant wirkt, ist jedoch unverzichtbar, und neben großblättrigen Immergrünen lassen auch Koniferen oder kleine Bäume reizvolle Konturen entstehen. *Picea glauca* var. *albertiana* ›Conica‹ beispielsweise bleibt über Jahre hinweg zierlich und hat großartige blaue Nadeln. Wo sie zusammen mit dem dunkelroten Fächerahorn *Acer palmatum* ›Atropurpureum‹ gepflanzt wird, entsteht ein großartiger Farb- und Formenkontrast, doch muß dabei beachtet werden, daß der Ahorn ein Zuviel an Wärme und Licht nicht verträgt.

Petunien und Zwergpelargonien fühlen sich in der Sommersonne pudelwohl. Gut eignen sich dunkellaubige Pelargonien mit kräftigroten Blü-

ten. ›Balcon Royale‹ rankt sich über die Seiten von Gefäßen herab und entwickelt ein Meer scharlachroter Blüten. Das Rot kann durch *Helichrysum petiolare*, die einen kriechenden Wuchs hat, aufgelockert werden.

Etwas kühler wirkt *Convolvulus sabatius*, eine zarte Winde mit anmutigen Trieben und lavendelblauen Blüten, die bis in den Herbst blüht und ein schöner Hintergrund für die blaue *Picea glauca* ist. Wo genügend Platz ist, kann auch *Thunbergia alata* gepflanzt werden, eine bezaubernde Kletterpflanze mit orangeroten Blüten und meist schwarzem Auge, die jedoch sehr wuchsfreudig ist. Es gibt auch helle Formen, und eine hat nicht einmal ein dunkles Auge, doch gerade die schwarzblauen Blütenmitten machen den Charme dieser Art aus.

Problemzonen

Jeder Garten hat einen Problembereich. Die Ursachen können vielfältig sein – vielleicht weht der

GEGENÜBER Durch klug plazierte Gefäße hat dieses nackte Pflaster ein neues Gesicht bekommen. Löwenmäulchen und eine kleine Schale mit Mauerpfeffer (Sedum acre) wirken in der kargen Umgebung belebend.

RECHTS Das dunkle Grün dieser Gruppe von Immergrünen bildet einen großartigen Kontrast zu dem leuchtenden Rosarot der Impatiens. *Das alte Regenfaß sorgt für optisches Gleichgewicht.*

Wind an dieser Stelle zu heftig, sie bekommt zuwenig Regen ab, oder die Erde ist dort nicht ausreichend durchlässig, so daß sich die Nässe staut.

In meinem Garten gibt es einen Bereich, den ich Bermudadreieck getauft habe, denn alles, was ich dort pflanze, verschwindet innerhalb weniger Monate auf geheimnisvolle Weise.

Bei der Lösung solcher Schwierigkeiten können Pflanzgefäße helfen, insbesondere dort, wo die Probleme nicht auf das Klima, sondern die Bodenbeschaffenheit zurückzuführen sind. Und auch an Stellen, wo selbst die Topfkultur schwierig wird, ist noch nicht alles verloren. Ein Zurückstecken der Ansprüche bedeutet keine Niederlage – man macht lediglich Zugeständnisse an feindliche Elemente (ähnliches tun Politiker!).

Auch wenn es nicht möglich ist, an einem Platz großartige Pflanzen zu ziehen, kann man dort vielleicht dennoch etwas Grünes wachsen lassen. So ist *Aucuba japonica* eine zu Unrecht geschmähte immergrüne Pflanze, die selbst im tiefsten Schatten recht gut gedeiht und einige hübsche Sorten hat. Einfarbige Sorten wie ›Salicifolia‹ oder ›Nana Rotundifolia‹ haben ungewöhnliche meergrüne Triebe, und falls in der Nähe eine männliche Pflanze (beispielsweise ›Lance Leaf‹) steht, entwickeln sie auch funkelnde rote Beeren.

Wo es sehr windig ist, sollte man robuste immergrüne Arten wie etwa Kirschlorbeer pflanzen oder es mit einer Zwergweide versuchen. Absolut windunempfindlich sind *Salix lanata* und *Salix helvetica*, die im Winter hübsche Äste und im Sommer silbriges Laub tragen, ebenso *Salix hastata*, deren Zweige wie poliertes Ebenholz aussehen und im Frühjahr einen herrlichen Kontrast zu den leuchtendweißen Kätzchen und den jungen zartgrünen Blättern bilden.

Niedrige Polsterstauden sind oft so klein, daß ihnen selbst der heftigste Wind nicht viel anhaben kann. Auch kleine Zwiebelblumen tolerieren un-wirtliche Bedingungen und entwickeln noch vor Winterende Blüten.

Oft bleibt jedoch nichts anderes übrig, als eine Pflanze an einen Platz zu setzen, um herauszufinden, ob sie dort gedeiht. Vielleicht ist von ihr irgendwann nur noch ein Häufchen halbtoter Zweige übrig, aber immerhin hat man wenigstens den Versuch unternommen.

Große Trockenheit vertragen viele Pflanzen nur schwer, doch Kakteen und Sukkulenten kommen selbst damit zurecht, und wenn sie vielleicht auch keine außergewöhnlichen Schönheiten sind, beleben sie Flecken, die sonst brachliegen würden.

Wo extreme Kälte herrscht, müssen Verluste im Frühjahr einfach ersetzt werden. Aber wenn man bedenkt, wieviel Fachkenntnis und Mühe für die Aufzucht von Pflanzen erforderlich sind, kosten sie wirklich nicht viel, und vermutlich kann sich jeder pro Jahr ein paar neue Exemplare leisten. Wenn der Platz begrenzt ist und sich die Pflanzenkultur auf Gefäße beschränkt, ist dies noch wichtiger. Nichts ruiniert eine Pflanzung so sehr wie Geiz!

Wenn trotz aller Bemühungen an einem Platz einfach nichts gedeihen will, sollte man lieber seine Niederlage eingestehen, als dort einen Topf mit dahinsiechenden Pflanzen aufzustellen, die vorwurfsvoll zu fragen scheinen, wann sie endlich von ihrem Leiden erlöst werden.

DIE WAHL DER PFLANZGEFÄSSE

Zum Bepflanzen ist jeder Behälter geeignet, der soviel Erde faßt, daß eine Pflanze darin wachsen kann. Es gibt Gefäße in unterschiedlichsten Formen und Größen, und das Material reicht von Papier über Stein und Kunststoff bis hin zu Beton. Manche wurden speziell für die Topfpflanzenkultur hergestellt, andere einfach zweckentfremdet. Mir sind schon die unkonventionellsten Behältnisse begegnet, wie etwa alte Dachschindeln, in die gerade ein Eßlöffel Erde paßte, oder ein altes Fischerboot.

Da jedes Gefäß seine Eigenheiten hat, lohnt es sich, zumindest die wichtigsten Typen einmal genauer zu betrachten, um sie optimal einsetzen zu können. Einige bieten kaum Spielraum – ein Fensterkasten ist nun mal ein Fensterkasten –, doch wenn man freistehende Pflanzgefäße für den Garten aussucht, sind neben Material und Form auch praktische Gesichtspunkte wie Fassungsvermögen und Drainage von Bedeutung. Auf den folgenden Seiten werden diese Aspekte behandelt und darüber hinaus Vorschläge zur Bepflanzung der verschiedenen Gefäßtypen gemacht. Die wichtigsten praktischen Hinweise sind auf den Seiten 119 bis 139 zu finden.

LINKS Diese großartigen Terrakottakrüge müssen nicht einmal bepflanzt sein, um in vollkommener Harmonie mit der herbstlichen Umgebung zu stehen. Durch ihre unterschiedliche Höhe, die schlichte Verzierung und das offenbar hohe Alter des linken Kruges entsteht eine wunderbar ruhige Atmosphäre.

TÖPFE UND KÜBEL

In diese große Kategorie ordne ich alle mehr oder minder freistehenden Gefäße ein. Sie können winzigklein sein, aber auch so groß, daß man sie nur mit einer Winde heben kann. Die klassischen Blumentöpfe gehören ebenso in diese Gruppe wie halbe Bierfässer, reizvoll mit Flechten überzogene Terrakottagefäße oder häßliche alte Autoreifen.

Pflanzen stehen lieber in großen Gefäßen, in denen sich ihre Wurzeln ausbreiten können, und gewöhnlich wirken große Töpfe auch gefälliger als sehr kleine, da sie ein einheitlicheres Bild entstehen lassen. Darüber hinaus wachsen Pflanzen in ihnen üppiger und kommen so besser zur Geltung. Ferner ist es schwierig, mehrere verschiedene Pflanzen in ein Gefäß zu setzen, in dem sie nicht genügend Platz für eine gesunde Entwicklung haben. Wer daher gemischte Pflanzungen plant, muß zunächst für Gefäße von ausreichender Größe sorgen.

Man sollte jedoch nicht vergessen, daß sich ein Topf oder Kübel mit zunehmender Größe immer schwerer bewegen läßt. Da die Mobilität aber zu den großen Pluspunkten eines Topfgartens gehört, kann man durch zu große Gefäße einen seiner großen Vorteile aufs Spiel setzen. Andererseits lassen sich auch über einen Zentner schwere Gefäße mit einem Sackkarren bewegen. Dazu hebt man den Topf etwas an, um den Karren darunterzuschieben, und bindet ihn dann am Karren fest, damit er nicht herunterkippt.

Diese Arbeit nimmt pro Jahr vermutlich nicht mehr als 20 Minuten in Anspruch, und wenn Sie dafür nicht extra einen Sackkarren anschaffen wollen, können Sie ihn vielleicht auch bei einem Nachbarn oder in einem Geschäft ausleihen. Eine weitere Möglichkeit wäre ein Rollbrett, wie es Hobbymechaniker für Autoreparaturen benutzen. Wer Töpfe umstellt, muß darauf achten, daß die Pflanzen keinen Schaden nehmen. Vor allem kriechende Triebe werden dabei leicht zerquetscht.

Kleinere Töpfe sind einfacher zu handhaben und auch leichter zu gruppieren. Man kann sie in Abständen zu einem formalen Arrangement aufstellen oder bunt durcheinander, so daß gemischte Pflanzungen entstehen, auch wenn in jedem Gefäß nicht mehr als ein oder zwei Pflanzen wachsen. Solche Arrangements erlauben eine hohe Flexibilität. Man kann beispielsweise die Gruppe neu anordnen, wenn Pflanzen welken oder ein-

gehen, oder einfach die häßlichen Exemplare herausnehmen und durch neue ersetzen. Unterschiedliche Größen und Formen müssen übrigens keineswegs störend sein, sondern können sich bei sorgfältiger Auswahl sehr vorteilhaft auswirken.

OBEN   Der dunkle Kübel lenkt die Aufmerksamkeit nicht von den Pflanzen ab.

GEGENÜBER, OBEN LINKS   Ein anmutiger Kübel mit Berufkraut, das eine lange Blühperiode hat.

GEGENÜBER, OBEN RECHTS   In diesem schönen Terrakottagefäß blühen den ganzen Sommer hindurch Impatiens.

GEGENÜBER, UNTEN LINKS   Ein Frühlingsarrangement aus Traubenhyazinthen, die in alten Tontöpfen wachsen.

GEGENÜBER, UNTEN RECHTS   Der Tontopf und die kräftiggefärbten Petunien ergeben zusammen ein schönes Paar.

Töpfe werden oft am besten so arrangiert, daß Blüten und Blätter der darin wachsenden Pflanzen sie weitgehend verdecken – ausgenommen sehr dekorative Gefäße. Günstig wirkt sich dabei eine Staffelung der Höhe aus, so daß das Laub der hinteren Pflanzen auf den Rändern der vor ihnen stehenden Töpfe liegt.

Ein weiterer wichtiger Gesichtspunkt ist die Standfestigkeit der Gefäße. Töpfe, die unten schmaler sind als oben, sehen zwar oft hübscher aus als Gefäße mit geraden Wänden, kippen aber leichter um, vor allem wenn in ihnen sehr große Pflanzen wachsen. Hier kann eine Stütze helfen, doch sollte man nicht die Kraft unterschätzen, mit der der Wind an einem Baum oder Strauch zerren kann.

Stil und Material eines Topfes sollten stets dem persönlichen Geschmack seines Besitzers gerecht werden. Mir steht es zwar nicht zu, hier über Ge-

schmack zu dozieren, wo ich nicht einmal weiß, wie Ihr Garten aussieht, dennoch möchte ich Ihnen einige Tips und Anregungen geben, die Ihnen vielleicht beim Kauf hilfreich sind.

Abgenutzte Kunststoffgefäße, die vor einer palladianischen Villa stehen, wirken vermutlich deplaziert, und es ist sinnvoll, wenn möglich die Pflanzgefäße dem Stil des Hauses und anderen baulichen Elementen im Garten anzupassen. Wenn Sie aber, wie ich, in einem alten Bauernhaus aus dem 17. Jahrhundert leben und kaum die anfallenden Reparaturkosten bezahlen können, werden Sie Ihren Garten nicht mit teuren – und diebstahlgefährdeten – Antiquitäten schmücken wollen. Bevor ich mir jedoch einige dieser grauenhaften billigen Imitationen zulege, die heute überall angeboten werden, verwende ich lieber einfache Gefäße und lasse sie unter den Pflanzen fast ganz verschwinden. Es gibt zwar auch gute Repro-

OBEN   Zweckentfremdete Behälter wie dieser alte Eimer müssen adäquate Abzugslöcher erhalten, da sonst bald Staunässe entsteht und die Pflanzen nicht gedeihen. Stiefmütterchen sind recht kurzlebige Bewohner.

UNTEN   Diese Stiefmütterchen haben sich rund um ihre Schale ausgesät und lassen dadurch ein hinreißendes Bild entstehen. Manchmal ist es schwierig, eine Verbindung zwischen einer Rabatte und einem einzelnen Gefäß zu schaffen, doch hier hat die Natur einen wunderbaren Lösungsvorschlag gemacht.

GEGENÜBER   Selbst eine alte Zinkwanne kann zu einem schönen Pflanzgefäß werden. Hier wachsen darin Blaue Lieschen, deren blauviolette Blüten großartig mit dem weichen Grau des Metalls harmonieren.

duktionen, doch mitunter sind sie teurer als antike Gefäße.

Obwohl Beton einen schlechten Ruf hat, sieht er manchmal wirklich hübsch aus, vor allem wenn er etwas Naturgestein enthält oder im Laufe der Jahre einen Überzug aus Moos und Flechten bekommen hat. Die sogenannten Versailles-Kübel – quadratische, oft weißgestrichene Holzgefäße mit Kugeln an den Ecken – werden aus tropischem Hartholz (sehr teuer und aus Gründen des Artenschutzes nicht unbedingt zu empfehlen) und Fiberglas (teuer) angeboten und sind besonders gut für in Form geschnittene immergrüne Gehölze geeignet.

Kunststoff sieht fast immer häßlich aus, besonders scheußlich aber sind nachgemachte georgianische Urnen, besonders die weißen, die wenig zur Verschönerung einer Pflanzung beitragen. Eine Marktneuheit ist Kunststoff, der wie Terrakotta aussieht. Falls sich auf ihm Moos und Flechten ansiedeln können und er jahrelange Sonneneinwirkung aushält, ohne sich zu verfärben oder häßlich zu werden, was ich allerdings bezweifle, ist dies vielleicht ein nützliches neues Material.

Bepflanzung

Töpfe sind so variabel und so vielseitig, daß für ihre Bepflanzung nur ganz allgemeine Regeln aufgestellt werden können. Auf den Seiten 22 bis 27 bin ich auf die unterschiedlichen Standorte eingegangen, hier will ich mich vorrangig mit der Harmonie zwischen Pflanzen und Gefäßen beschäftigen.

Die Grundregel für Topf- und Kübelpflanzungen lautet: Es hängt vom Aussehen der einzelnen Pflanze ab, in welchem Topf sie am besten zur Geltung kommt.

Ich habe bereits die Versailles-Kübel erwähnt, die sich besonders gut für in Form geschnittene immergrüne Gehölze eignen, aber es gibt noch andere Beispiele. So sieht die japanische Gräsart *Hakonechloa* in einer flachen, glasierten Keramikschale großartig aus. Auch Funkien wirken in niedrigen Gefäßen schöner, während kriechende oder hängende Pflanzen wie *Plectranthus coleoides* oder *Glechoma hederacea* ›Variegata‹ ein hohes Gefäß brauchen, um gut zur Geltung zu kommen. Gefäße mit auffälligem Dekor sollten hingegen im Regelfall nicht mit Hängegewächsen bepflanzt werden, da diese es meist völlig verdecken.

OBEN   Die Fuchsien in dieser kleinen Urne müssen
regelmäßig gegossen werden.

UNTEN RECHTS   Lachsblumen (Diascia) und eine
Scheinrebe in einem Keramiktopf bilden ein Arrangement
in zarten Rosatönen.

LINKS   Aronstab, der hier in Tontöpfen wächst, sollte in
kalten Gegenden unter Glas überwintert werden.

GEGENÜBER   Auf dieser etwas erhöht liegenden, runden
Fläche lassen zwanglos gruppierte Pflanzgefäße einen
reizvollen Blickfang entstehen.

FENSTERKÄSTEN

Der Handel bietet zwar Fensterkästen an, häufig sind jedoch Spezialanfertigungen, deren Maße genau mit der Größe des Fensters übereinstimmen, empfehlenswerter. Und wenn Sie auch bei der Gestaltung ein Wort mitreden können, sollten Sie die folgenden drei Punkte berücksichtigen.

Fassungsvermögen Je größer und tiefer ein Kasten ist, um so mehr Erde hat darin Platz und um so seltener muß gegossen werden. Darüber hinaus gedeihen Pflanzen besser, wenn sich ihre Wurzeln ausbreiten können.

Standort Ein großer Fensterkasten, der auf einem schmalen Fenstersims steht, kann dem dahinterliegenden Raum viel Licht wegnehmen. Deshalb ist es in einem solchen Fall sinnvoll, den Kasten so anzubringen, daß der obere Rand in Höhe des Fensterbrettes oder noch etwas tiefer liegt. Dann kann er üppig bepflanzt werden, und auch die Pflege wird einfacher, vor allem dort, wo er sich vor einem Schiebefenster befindet.

Drainage Wenn Wasser ins Mauerwerk oder auf Fenstersimse aus Holz sickert, kann es Schäden verursachen. Kästen müssen daher so angebracht werden, daß sich das Wasser nicht unter ihnen stauen kann und daß es auch nicht an der Mauer herunterläuft, sondern aus den Abflußlöchern direkt auf den Boden – oder vorbeikommende Passanten – tropft. Dann brauchen Sie sich keine Sorgen zu machen, höchstens wegen der Passanten.

Bepflanzung

Das Bepflanzen eines Fensterkastens ist eine Kunst. Es sieht ganz einfach aus, bis man es probiert. Im Gegensatz zu Töpfen sind Fensterkästen nicht beweglich, da sie aus Sicherheitsgründen befestigt werden müssen. Darüber hinaus haben sie alle die gleiche Form – sie sind lang und schmal – und wirken von außen reizvoller als von innen. So offenkundig all diese Beschränkungen auch sein mögen, es ist doch wichtig, sie sich vor Augen zu halten, da sie bestimmen, wie ein Fensterkasten bepflanzt werden kann. Anders als bei einem Topf müssen die Pflanzen herausgenommen werden, wenn man das Arrangement verändern will, und daher ist es hier weit wichtiger als anderswo, die richtige Auswahl vorzunehmen.

Ein Arrangement ohne aufrechtwachsende

OBEN *Eine Bepflanzung aus weißen Azaleen und niederliegendem Wacholder kann großartig aussehen.*

UNTEN *Hier wachsen neben anderen Pflanzen auch Wicken, deren Duft durch das geöffnete Fenster ins Zimmer strömt.*

OBEN Das winterblühende Stiefmütterchen ›Universal Blue‹ macht auch die trübsten Monate freundlicher.

UNTEN Üppig blühende Balkonpelargonien sind eine Art Markenzeichen für Schweizer Chalets.

Pflanzen wirkt leicht fußlastig, andererseits behindern Arten mit aufrechtem Wuchs die Sicht, wenn man von Zwergsträuchern und niedrigen Stauden absieht. Wo sich Vorhänge vor dem Fenster befinden, können an den Enden des Kastens höhere Pflanzen wachsen, die von außen für Abwechslung sorgen, ohne zu stören, da die Vorhänge diesen Fensterbereich ohnehin verdecken.

Zwergpelargonien sind niedrig genug, um auch von innen ein wenig reizvoll zu wirken, von außen sehen jedoch Hängepflanzen am interessantesten aus. Einen unübertroffenen Charme hat die weltweit kultivierte *Lobelia ernius*, und besonders schön ist ihre hängende Form, die es heute in einer Farbpalette von Blau über Rosé und Violett bis Reinweiß gibt. Bei den Efeu- und Hängepelargonien sind die Sorten ›Balcon‹ und ›Breakaway‹ am blühfreudigsten, doch auch alte Cultivare wie die zartgezeichnete ›Elegante‹ werden aus gutem Grund immer noch gern gepflanzt.

Für reine Laubarrangements bietet sich eine Vielzahl von Hängepflanzen an. Sehr beliebt ist *Helichrysum petiolare*, von der es heute mehrere Gartenformen gibt. Doch keine ist so hübsch wie die schlichte silberne Art. Unter den immergrünen Kriechpflanzen nehmen Efeuarten eine herausragende Stellung ein, deren Blätter vielfältige Formen und Färbungen aufweisen. Je kräftiger die Zeichnung ist, um so langsamer wächst der Efeu, aber bei Fensterkästen ist es zweifellos von Vorteil, wenn Pflanzen nicht zu üppig gedeihen. Daneben gibt es natürlich noch viele andere interessante und ungewöhnliche Arten (siehe Seite 147 bis 149), die genannten stellen jedoch einen nützlichen Grundstock an kriechenden oder hängenden Pflanzen dar.

Häufig wird übersehen, daß Fensterkästen auch für Zimmerpflanzen geeignet sind, die an angrenzenden Mauern oder dem Fensterrahmen emporklettern. Am unkompliziertesten sind Selbstklimmen. Man sollte aber stets berücksichtigen, daß eine Pflanze mit zunehmender Größe auch mehr Bedürfnisse hat, die aber durch die begrenzten Ressourcen des Blumenkastens befriedigt werden müssen. Ein üppiger Laubkranz am Fensterrahmen benötigt vielleicht erheblich mehr Nährstoffe und Wasser als in einem kleinen Kasten vorhanden sind.

Die Wahl der Pflanzen wird nicht nur durch die Klimaverhältnisse, sondern auch durch die Himmelsrichtung bestimmt. Eine Mauer, die nie direkte Sonne erhält, bietet vollkommen andere Wachstumsbedingungen als ein warmes, sonniges Fensterbrett. Jede Situation hat ihre besonderen Vor- und Nachteile. Auf der Schattenseite eines Gebäudes können sich Farne zu Hause fühlen, die in der Sonne verbrennen würden. Blütenpflanzen vertragen dagegen tiefen Schatten nicht so gut. Vielleicht wachsen sie dort, entwickeln aber nur zögernd Blüten. Die große Ausnahme bilden hier *Impatiens*, die selbst in der düstersten Ecke den ganzen Sommer hindurch blühen.

Vom Zimmer aus gesehen wirken Fensterkästen selten interessant. Im Gegenlicht sind oft nur die Silhouetten der Pflanzen zu erkennen, und deshalb wird auch jeder Versuch, eine perfekte Aussicht zu schaffen, nicht von Erfolg gekrönt sein. Anders verhält es sich mit dem Duft. Was auch immer in einem Kasten wächst, es sollte wenigstens eine Pflanze darunter sein, deren Blüten oder Blätter ihren Duft durch das geöffnete Fenster ins Zimmer strömen lassen. Gut geeignet sind beispielsweise Heliotrop, Duftpelargonien, Gartenreseda und Parmaveilchen.

Wer wirklich in Düften schwelgen will und vielleicht außerdem gerne kocht, kann den ganzen Fensterkasten mit Küchenkräutern bepflanzen. Von vielen gibt es sogar buntlaubige Formen, die für die Küche ebenso gut sind wie einfarbig grüne Sorten. So ist beispielsweise Salbei nicht nur mit grünen Blättern erhältlich, sondern auch mit goldener, violetter oder violett-weißer Zeichnung, vom *Origanum* gibt es eine Sorte mit schönen goldenen Blättern, und auch Thymian und Zitronenthymian sind in mehreren reizvollen Sorten erhältlich. Ferner ist Schnittlauch mit leuchtendrosa Blüten – *Allium schoenoprasum* ›Forescate‹ – im Handel sowie ein großartiger, wenn auch frostempfindlicher niederliegender Rosmarin mit leuchtendblauen Blüten, der den Namen ›Severn Sea‹ trägt.

Möglicherweise läßt sich aber nur durch Ausprobieren herausfinden, welche Pflanzen unter den gegebenen Bedingungen am besten gedeihen. Sie sollten deshalb Mut beweisen, und auch einmal einen Fehlschlag in Kauf nehmen!

GEGENÜBER   Die Pflanzen in diesem Kasten sind etwas zu üppig gediehen und verdecken nun das Fenster, doch ihre Farben harmonieren großartig!

AMPELN

Ampeln können düstere Hauswände oder trostlose Durchgänge in kleine Oasen verwandeln, selbst wenn dort eigentlich gar kein Platz ist. Alles, was man braucht, ist ein Haken. Stadtverwaltungen, die etwas auf sich halten, schmücken Straßenlaternen, Eingänge, Einkaufszentren, öffentliche Gebäude oder Fußgängerzonen mit Hunderten von Ampeln, doch auch in großen und kleinen Gärten bieten schön bepflanzte Ampeln eine gute Möglichkeit, bisher unbegrünte Flächen lebendiger zu gestalten.

Obgleich die Pflege von Ampeln nicht schwierig ist, sollten einige Dinge bedacht werden, damit sie während der gesamten Wachstumsperiode schön aussehen.

Bewässerung Das Gießen von Ampeln ist nicht einfach, und möglicherweise benötigt man dafür sogar ein besonderes Gerät. Ist die Erde in einer Ampel aber erst einmal ausgetrocknet, läßt sie sich kaum wieder durchfeuchten. Wer mehrere Ampeln besitzt, sollte sich vielleicht einen Schlauch und einen Gießstab anschaffen, was weitaus sicherer ist, als die Ampeln von einer Leiter aus mit der Gießkanne zu wässern. Für Gießstäbe gibt es darüber hinaus Zusatzteile, mit denen gedüngt werden kann.

Düngung Ampeln brauchen reichlich Dünger. Da sie nie genug Erde für die vielen Pflanzen, die in ihnen wachsen, enthalten, sollte sie einmal pro Woche, mindestens aber vierzehntägig gedüngt werden. Unzureichende Düngung verkürzt die Wachstumsperiode und schwächt die Widerstandskraft der Pflanzen.

Jahreszeiten Vor allem in warmen Gegenden können Ampeln auch im Winter bepflanzt werden, aber natürlich ist dann die Pflanzenauswahl relativ beschränkt. Für den Sommer kann man die bereits im Kapitel über Fensterkästen aufgeführten hängenden oder kriechenden Pflanzenarten verwenden.

Wind Wer schon einmal eine Ampel im Wind schaukeln sah, der weiß, daß Pflanzen zwar einen gelegentlichen Windstoß vertragen, doch wenn der Wind ständig an ihnen zerrt, werden sie bald unordentlich und häßlich aussehen. Wenn Ampeln an solch exponierten Stellen hängen, wachsen sie an der windgeschützten Seite üppig, während sie auf der dem Wind zugewandten Seite nur dünne, mickrige Triebe ausbilden.

Es ist kein großes Geheimnis, eine schöne Ampel zu gestalten. Häufig werden Körbe aus Drahtgeflecht verwendet, dessen Zwischenräume so groß sein sollten, daß man die Pflanzen in unterschiedlichen Höhen einsetzen kann. Darüber hinaus darf es sich nicht unter dem Gewicht der ausgewachsenen Pflanzen verbiegen. Ampeln mit soliden Wänden können nur von oben bepflanzt werden und sehen daher nicht so wirkungsvoll aus. Hier sollte man vorwiegend hängende Arten verwenden.

Haken und Halterung einer Ampel müssen so stabil sein, daß sie nicht nur die mit nasser Erde gefüllte, bepflanzte Ampel tragen, sondern auch dem Wind, spielenden Kindern oder einer neugierigen Katze standhalten können.

Drahtkörbe werden zunächst mit einem faserigen wasserdurchlässigen Material ausgekleidet, in das Pflanzen eingesetzt werden können. Manchmal wird Kunststoffnetz benutzt, doch es sieht oft ebenso häßlich aus wie schwarze Folie, und außerdem vergehen Wochen, bis es endlich unter den wachsenden Pflanzen verschwindet. Am besten läßt sich dazu Moos verwenden. Dabei sollte man aber faserige Arten Polstern vorziehen, die leicht austrocknen und brechen.

Pflanzsubstrate werden ausführlich auf Seite 122 und 123 behandelt. Torfsubstrate sind leichter als andere und für Ampeln oft besser geeignet, doch muß man hier sorgfältig darauf achten, daß sie *nie* austrocknen.

Bepflanzung

Ziel der Bepflanzung ist es, eine perfekte Kugel entstehen zu lassen, von der einzelne Pflanzentriebe herunterhängen, so daß die Ampel wie ein Komet aus Blüten erscheint. Dies ist aber nur möglich, wenn die Pflanzen in unterschiedlichen Höhen eingesetzt werden.

Zunächst wird etwas Moos auf den Ampelbo-

OBEN Lobelia erinus, *von denen es eine Vielzahl verschiedener Sorten mit Farbtönen von Weiß über Rosalila bis Blau gibt, sind besonders als Ampelpflanzen sehr beliebt.*

RECHTS *In einer schönen Ampel sollten die Pflanzen eine vollkommene Kugel bilden. Dieses bunte Arrangement erfüllt diesen Anspruch, ohne künstlich zu wirken.*

GEGENÜBER *Hängepelargonien sind für Ampeln gut geeignet. Blütenreiche Sorten wie ›Balcon Royale‹ sehen am schönsten aus, wenn man sie allein verwendet.*

den gelegt und Substrat darauf verteilt. Dann schiebt man die Wurzeln der untersten Pflanzen durch das Moos und zieht sie vorsichtig in das Substrat. Es folgt eine weitere Schicht Moos und Substrat, die wieder bepflanzt wird, und so fährt man fort, bis der obere Rand der Ampel erreicht ist. Zum Schluß werden oben Pflanzen eingesetzt, wobei einige hängende Arten darunter sein sollten, die sich herabranken können.

Es macht nichts, wenn die Pflanzen jetzt etwas schmuddelig und zerknautscht wirken. Hängen Sie die Ampel an ihren Haken, und wässern Sie sie so lange, bis das Wasser unten wieder herausläuft. Zum Schluß setzt man eine feine Tülle auf die Gießkanne und duscht das Laub mit lauwarmem Wasser ab, um Erdreste abzuwaschen. Wenn die Ampel nun gut gepflegt wird, wird sie während der nächsten fünf Monate mit jedem Tag schöner werden.

Winter- oder Frühjahrsampeln   Obwohl Ampeln im Sommer am schönsten aussehen, kann man sie insbesondere in milderen Lagen im Herbst auch für das kommende Frühjahr bepflanzen. Die Zahl der Pflanzen, die einen frostigen Winter überleben, ist relativ klein, doch wenn sie nicht unter starkem Wind und extremen Temperaturen leiden müssen, können Goldlack und Vergißmeinnicht ein hübsches, duftendes Arrangement entstehen lassen.

Winterblühende Stiefmütterchen, die in vielen herrlichen Farben erhältlich sind, neigen ihre Stengel mit fortschreitendem Alter über die Ampelränder und sehen dann sehr wirkungsvoll aus. Wenn man welke Blüten entfernt, regelmäßig düngt und die Pflanzen gelegentlich zurückschneidet, halten sie bis in den Sommer hinein. ›Universal Apricot‹ und ›Universal Blue‹ sehen zusammengepflanzt besonders schön aus.

Im Winter wird nicht gedüngt, außer es ist so mild, daß die Pflanzen weiterwachsen. Sobald aber im Frühjahr die Temperaturen steigen und die Entwicklung sich beschleunigt, muß man einmal wöchentlich Dünger geben.

Wie bei allen Topfpflanzungen ist Efeu auch hier ein verläßlicher Freund, der rund ums Jahr grün ist. Im Frühjahr kann er mit Zwiebelblumen ergänzt werden. Für Ampeln eignen sich besonders gut die großen holländischen Krokus-Hybriden, auch wenn ihre Blüten nicht lange halten. Die Spitzen der Zwiebeln müssen beim Pflanzen an die Ampelwand gedrückt werden, damit sich die Knospen später durch das Moos schieben und beim Öffnen nach oben biegen können.

Sommerampeln   Viele bedingt winterharte Topfpflanzen können auch in Ampeln wachsen. Petunien gedeihen hier gut und sehen zusammen mit *Helichrysum petiolare* besonders hübsch aus. Efeupelargonien wirken in Ampeln ebenso natürlich wie *Impatiens*, *Lobelia* und schwachwüchsigere Sorten der Kapuzinerkresse *(Tropaeolum majus)*. Diese Pflanzen werden oft zusammengesetzt, und ihr Laub bildet einen schönen Hintergrund für die Blüten, doch bei Ampeln sieht es oft hübscher aus, wenn man nur eine Art verwendet.

Viele Efeupelargonien versinken bei guter Düngung und Pflege für Monate unter einem Blütenmeer und lassen oft eine vollkommene Kugel entstehen. Verschiedene Begonien, wie die orangerot blühende *Begonia sutherlandii*, wachsen in Ampeln am besten allein, und auch Fuchsien sehen oft schöner aus, wenn sie nicht mit anderen Pflanzen zusammenstehen, insbesondere Sorten mit zweifarbigen Blüten.

Auch manch ausgefallene Pflanze lohnt einen Versuch. Einige Zierformen des Dost, wie *Origanum rotundifolium* oder *Origanum* ›Barbara Tingey‹, haben langlebige, hängende Blütentriebe mit einer zarten Farbe. Gräser, vor allem Arten mit hohen, schlanken Halmen wie *Hakonechloa macra* ›Albo-variegata‹, oder die Segge *Carex flagellifera* sind vielleicht ebenfalls eine Überlegung wert, und auch vom Rotklee gibt es eine hübsche Form mit golden gesprenkelten Blättern, die sich anmutig über Ampelwände rankt. Im Grunde sind alle Pflanzen mit hängendem Wuchs und langer Blühperiode für Ampeln geeignet, sofern sie mit relativ wenig Erde auskommen.

GEGENÜBER   Eine Wand, an der Blauregen wächst, kann nach der Blüte im Frühjahr etwas trist wirken, doch später lassen Ampeln mit Sommerblumen farbenfrohe Blickfänge entstehen.

TRÖGE UND BECKEN

Tröge und Becken werden am häufigsten mit alpinen Gewächsen bepflanzt. Zwar eignen sie sich für die verschiedensten Pflanzen, doch weil sie nun einmal so schöne Möglichkeiten für einen Steingarten bieten, wollen wir hier ausführlicher auf sie eingehen, denn schließlich ist dies eine wichtige Seite der Topfgartenkultur.

Die schönsten Becken bestehen aus Naturstein. Alte Exemplare sind selten und teuer geworden, aber es gibt recht gute Nachbildungen, die gewöhnlich aus Beton mit einem hohen Anteil an gemahlenem Naturstein hergestellt wurden und häufig recht natürlich aussehen. Wenn sie ein wenig gealtert sind und sich Flechten auf ihnen angesiedelt haben, kann man sie kaum noch von denen aus Naturstein unterscheiden.

Das zweitbeste Material nach Naturstein ist Porzellan. Früher waren Spülbecken einmal beige oder braun und hatten eine rauhe Glasur, die auch ohne weitere Behandlung recht hübsch aussieht. Die heutigen reinweißen Becken wirken jedoch etwas unnatürlich und sollten daher einen Oberflächenüberzug erhalten. Steingartenfreunde benutzen dafür gern eine Mischung aus Zement, Rindenmulch und gemahlenem Kalktuff (Seite 49). Damit sie auf der Außenseite des Beckens haftenbleibt, umgibt man es zunächst mit Maschendraht, auf dem man dann die Mischung verstreicht.

Wer keinen Kalktuff zur Verfügung hat, kann auch eine Mischung aus Zement, gemahlenen Ziegelsteinen und Sand verwenden, die fast ebenso geeignet, nur etwas dunkler ist. Als weitere Möglichkeit können speziell für die Bepflanzung mit alpinen Gewächsen vorgesehene Becken gekauft oder gebaut werden. Dazu werden gern Schieferplatten in der gewünschten Größe verwendet, die man nutet und zusammenschraubt. Es gibt jedoch noch andere Materialien, die fast immer Beton als Basis haben.

Tröge werden ähnlich verwendet wie Becken, sind aber meist größer und deshalb erheblich schwerer. Ein Becken läßt sich nach dem Bepflanzen noch bewegen, ein Trog nicht. Auch hier ist Naturstein das schönste Material, Metall kann aber ebenfalls reizvoll wirken, vor allem, wenn sich – etwa bei einer alten Viehtränke – eine kalkige Schicht darauf abgelagert hat. Daneben sind noch Holztröge recht beliebt, die jedoch nicht sehr lang halten.

Bei Becken und Trögen, insbesondere wenn sie

OBEN   Diesen Steintrog hat das wunderschöne Ruprechtskraut Geranium robertianum *in Besitz genommen. An trockenen Plätzen färbt sich sein Laub rot, und so entsteht hier ein hübscher Kontrast zu den smaragdgrünen Blättern der Japanischen Weinbeere* Rubus phoenicolasius, *die hinter dem Trog im Erdreich wächst. Ruprechtskraut sät sich leicht aus.*

GEGENÜBER   Dieser Steingarten wurde in einem alten Trog angelegt. Er besteht aus Felsbrocken und Pflanzen, die rund ums Jahr reizvolle Farben und Formen haben, wie die dunkle Fetthenne (hinten) und der silberne Beifuß (am Ende). Die Pflanzen an der Vorderseite kriechen bereits über die Ränder des Troges.

neu sind oder erst kürzlich aufgestellt wurden, ist es wichtig, daß sie etwas verwittert aussehen. Auf ausreichend porösen Oberflächen werden irgendwann von selbst Moose, Algen und Flechten wachsen, doch man kann diesen Prozeß auch beschleunigen.

Sehr häufig wird dafür Joghurt benützt, das mit einem Pinsel auf die Außenseite des Troges aufgetragen wird. Andere empfehlen übelriechende Mischungen aus Mist und Wasser, doch ihre Anwendung ist nicht gerade angenehm. Einfacher ist da die Benutzung von flüssigen Pflanzendünger (Seite 128), den man mit einer Gießkanne über das Becken braust. Bei jeder Düngung der Pflanzen sollten auch die Wände des Beckens oder Troges mit Düngerlösung benetzt werden.

Ein wichtiger Faktor bei diesem »Alterungspro-zeß«, den Fachleute gern übersehen, ist Feuchtigkeit. In Gegenden mit viel Niederschlag und hoher Luftfeuchte vermehren sich Flechten üppig, und auf Mauern und sogar Baumstämmen entsteht schnell ein eigenes kleines Ökosystem, das nicht nur die Entwicklung von Moosen, sondern auch von Farnen und epiphytischen Blütenpflanzen fördert. In trockeneren Gegenden kann die Luftfeuchtigkeit mit Hilfe eines automatischen Bewässerungssystems erhöht werden, aber auch ein möglichst häufiges Benetzen von Hand hilft einfachen Lebensformen bei der Ansiedelung auf einer steinigen Oberfläche.

Efeu, der sich mit seinen Luftwurzeln an Kletterflächen festheftet, findet auf Stein ebenfalls besseren Halt, wenn dieser feucht ist und ab und zu mit einer Düngerlösung besprüht wird.

Steht ein Trog oder Becken einmal an seinem Platz, muß man zunächst für eine ausreichende Drainage sorgen und dann ein geeignetes Pflanzsubstrat einfüllen. Alpine Pflanzen brauchen unbedingt einen durchlässigen Boden, bestimmte Arten gedeihen aber nicht, wenn der Boden keine Feuchtigkeit hält.

Ausgezeichnete Eigenschaften hat hier Lehm (Seite 122 und 123), der daher unverzichtbar ist, aber mit Grus oder sehr grobem Sand und Torf gemischt werden muß. Wenn man die drei Substanzen etwa zu gleichen Teilen mischt, erhält man ein gutes Substrat, doch da verschiedene Pflanzenarten unterschiedliche Ansprüche haben, müssen häufig Kompromisse geschlossen werden.

Wie ich finde, sollte man alpine Pflanzen zwischen Steine setzen und den Boden mit einer Schicht Grus oder feinkörnigem Kies bedecken, um ihren natürlichen Lebensraum in den Bergen nachzuempfinden. In einem Becken oder Trog ist das einfach, wenn man daran denkt, daß der Platz begrenzt ist. Bei einer übermäßigen Begeisterung für Miniaturlandschaften bleibt aber vielleicht zu wenig Platz für die Pflanzen!

Bepflanzung

Beim Bepflanzen von Becken und Trögen müssen vor allem zwei Faktoren berücksichtigt werden: Größe und Pflege.

Größe   Becken und Tröge, die mit alpinen Gewächsen bepflanzt werden, sind Miniaturgärten, und ihre Bewohner müssen deshalb klein sein. Zu große Pflanzen verderben die Gesamtwirkung – stellen Sie sich beispielsweise ein Arrangement aus winzigen Zwiebelblumen vor, über denen ein Dutzend gewaltiger Hybridtulpen aufragt. Bei sorgfältiger Auswahl kann man einen Trog mit Miniaturgewächsen – und selbst Bäumen und Sträuchern – bepflanzen, ohne dabei gleich auf Bonsais zurückgreifen zu müssen.

Pflege   Es gibt viele kleine Pflanzen, die lange Zeit ohne Wasser auskommen. Sie sollten dort verwendet werden, wo ein Pflanzgefäß schon mal vergessen wird oder sich ein Gartenbereich nur schwer bewässern läßt. Leider sehen diese Pflanzen oft etwas unscheinbar aus, vor allem während der Jahreszeiten, in denen es ohnehin nicht allzu viele Farben gibt. Wer aber beabsichtigt, seinen Trog regelmäßig mit Wasser zu versorgen, sollte

unbedingt ein oder zwei Arten in die Pflanzung einbeziehen, die diese Mühen durch ihre Schönheit belohnen. Was die Pflege betrifft, so trocknen Becken aufgrund ihrer zumeist geringeren Größe gewöhnlich rascher aus als Tröge, sonst aber gibt es kaum Unterschiede.

Wo ein pflegeleichter Troggarten angelegt werden soll, sind Pflanzen, die das ganze Jahr über schön aussehen, besonders wichtig. Zwergkoniferen sind hier nützlich, doch achten Sie sorgfältig darauf, daß es sich bei den Pflanzen Ihrer Wahl tatsächlich um Zwergformen handelt. *Juniperus communis* ›Compressa‹ wächst beispielsweise in Form eines Ausrufezeichens und mit der atemberaubenden Geschwindigkeit von etwa einem Zentimeter pro Jahr, andere Wacholder werden dagegen so groß wie Bäume. Auch von der Stechpalme *Ilex crenata* gibt es mehrere Sorten, die klein bleiben und gestutzt werden können, ohne ihren Charakter zu verlieren. Aber ein besonderer Ehrenplatz in jedem Trog gebührt – wegen ihres immergrünen Laubes und der wunderbar duftenden Frühlingsblüten – *Daphne sericea*, auch wenn sie große Wärme nicht mag.

Von den sommergrünen Zwergsträuchern empfehlen sich *Forsythia viridissima* ›Bronxenses‹, die im Frühjahr unter gelben Blüten versinkt und nie größer als 60 Zentimeter wird. Erstaunlich unempfindlich gegen Trockenheit sind einige Weiden, und selbst wenn sie während einer Trockenperiode das Laub abwerfen, erwachen sie nach einem Regen oft wieder zu neuem Leben. Ganz besonders hübsch sieht *Salix boydii* aus, und auch *Salix arbuscula* ist reizvoll, weil sie über die Ränder des Troges wächst.

Bei den Stauden vertragen *Sedum-*, *Sempervivum-* und *Jovibarba*-Arten Trockenheit am besten. Alle haben sukkulente Blätter, sind jedoch – anders als *Echeveria* – vollkommen frosthart und können das ganze Jahr im Freien wachsen. *Sedum* neigt zum Wuchern; *Sedum kamtschaticum* ›Variegatum‹ und *Sedum spathulifolium* haben ansehnliche Blüten und Blätter. Von *Sempervivum* gibt es Hunderte von verschiedenen Arten, die alle Rosetten bilden und unterschiedliche Blattfärbungen von Kastanienbraun bis Smaragdgrün haben.

LINKS Diese Becken wurden auf Steine gestellt, damit die kleinen Pflanzen besser zur Geltung kommen.

Wenn man zwischen diesen derben, kleinen Gewächsen Zwiebelblumen pflanzt, entstehen zu bestimmten Zeiten des Jahres Blickfänge von flüchtiger Schönheit. Einige Krokusse gedeihen unter diesen rauhen Bedingungen besonders gut. Im Spätwinter oder Frühjahr läßt beispielsweise *Crocus imperati* großartige Farbtupfer entstehen. Seine beigefarbenen Blütenblätter sind außen schokoladenbraun geädert, und wenn sich die Blüten in der Sonne öffnen, werden lila Innenseiten und orangefarbene Narben sichtbar. Der winzige *Crocus ancyrensis* entwickelt schon zu Winterende große Mengen orangegelber Blüten. Als Herbstschmuck können *Crocus speciosus* und sogar das herbstblühende Schneeglöckchen *Galanthus reginae-olgae* gepflanzt werden, die den Eindruck eines zweiten Frühlings erwecken.

Kann man einem Trog aber mehr Pflege widmen, ist die Palette an farbenfrohen alpinen Pflanzen, die in ihm wachsen können, beinahe unbegrenzt. Einer der Vorteile von Trögen und Becken ist, daß man sie erhöht aufstellen kann – beispielsweise auf Ziegelsteine –, um die in ihnen wachsenden kleinen Arten besser zur Geltung kommen zu lassen. Erst aus der Nähe wird nämlich die ganze Schönheit von Enzian oder alpinen Storchschnabelarten sichtbar.

Ausgezeichnete Pflanzen für Tröge sind auch Steinbrechgewächse, von denen ebenfalls viele Trockenheit vertragen, solange sie nicht zu warm stehen. Manche Arten bilden Polster und sind im Frühjahr mit juwelenartigen Blüten bedeckt. *Saxifraga paniculata* entwickelt ordentliche, mitunter geometrische Rosetten, über denen im Frühjahr hübsche, zumeist weiße Blütenstände stehen. Die schönste Form ist ›Tumbling Waters‹, deren üppige Blütenstände nach einigen Jahren 60 Zentimeter hoch werden.

Von den Zwiebelblumen wirken besonders kleine Narzissen sehr hübsch, doch sie brauchen Erde, die die Feuchtigkeit hält, und entwickeln oft nach einigen Jahren keine Blüten mehr, wenn sie nicht feucht genug stehen. Am unkompliziertesten ist *Narcissus bulbocodium*, die Reifrocknarzisse, aber es gibt eine ganze Anzahl kleiner Hybriden, die in einem Trog oder Becken zufrieden wachsen. Hübsche Gefährten für Miniaturnarzissen sind Anemonen wie *Anemone blanda*. Nach der Blüte werden sie jedoch oft sehr groß und können in einem kleinen Becken störend wirken.

Ausgezeichnet eignen sich auch alle Alpenveilchen mit Ausnahme der Zimmerhybriden. *Cyclamen persicum* ist nicht winterhart und steht gern warm, hat aber eine große Blütenpalette von Reinweiß bis Tiefrosa zu bieten, und außerdem duftet es herrlich. In kühleren Gegenden kann man das vollkommen frostharte *Cyclamen coum* verwenden, das selbst in der kältesten Jahreszeit mit unglaublicher Tapferkeit blüht. Alle Alpenveilchen haben dekoratives Laub.

Auch wenn ich diesen Abschnitt über Becken und Tröge fast ausschließlich alpinen Pflanzen gewidmet habe, bedeutet dies nicht, daß sie für andere Gewächse ungeeignet und allein die Domäne des Steingartenfreundes sind, an die ich mich nun in dem letzten kurzen Abschnitt über Kalktuff direkt wende.

Kalktuff

Dieses weiche Gestein entsteht, wenn stark kalkhaltiges Wasser seine Kalziumsalze ablagert. Aus ähnlichem Material sind auch Stalagmiten in Tropfsteinhöhlen. Es ist so weich, daß man es gut bearbeiten kann, aber hart genug, um seine Form

zu bewahren. Aufgrund seiner hohen Porösität nimmt es Wasser auf, und durch die Art seiner Entstehung ist es reich an Rinnen, Löchern und Auswölbungen, die sich ideal zum Bepflanzen eignen. Ein großer Brocken Kalktuff kann zu einem faszinierenden Element im Garten werden, wenn man ihn klug plaziert und mit schönen Pflanzen versieht. Zum Bepflanzen hebelt man einfach mit einem Schraubenzieher ein Loch in das Gestein, setzt die Wurzeln der ausgewählten Pflanze hinein und bedeckt sie dann mit etwas Erde. In Kalktuff gedeihen europäische Primeln gut, vor allem die kleinen Alpenaurikeln, und auf der Schattenseite wachsen zufrieden Farne wie Schriftfarn *Ceterach officinarum* oder Steinfeder *Asplenium trichomanes*.

GEGENÜBER Das flache, mit Flechten überzogene Becken ist ein idealer Hintergrund für diesen Steingarten.

UNTEN Dieses mit einer Mischung aus Zement, Rindenmulch und gemahlenem Kalktuff überzogene Becken harmoniert gut mit den Lachsblumen (Diascia rigescens), die sich locker über seine Ränder ranken und seine harten Konturen weicher erscheinen lassen.

BALKONKÄSTEN

Ein Balkonkasten gehört, wie sein Name schon sagt, nur auf einen Balkon, denn dieser Standort hat seine eigenen, besonderen Probleme, die eine sorgfältige Pflanzung und Pflege erfordern.

Balkone sind nach einer Seite hin offen, aus der nicht selten der Wind kommt, während sich auf ihrer Rückseite eine solide Wand befindet. Einige erhalten nur für Stunden starke Sonne und liegen die meiste Zeit im Schatten, während andere ganztägig der erbarmungslosen heißen Sonne ausgesetzt sind. Darüber hinaus kann es sein, daß der Balkon unmittelbar in der Sichtlinie der Nachbarn liegt und wenig Intimität bietet.

Bei der Planung eines Balkongartens sollten folgende Punkte berücksichtigt werden.

Funktion   Balkonkästen sollten als Schmuck dienen, aber – wo notwendig – auch für Schutz und Schatten sorgen. Sie müssen daher so groß sein, daß die Wurzeln hoher Pflanzen und kletternder Gewächse in ihnen Platz haben, und schwer genug, um nicht in einem Sturm weggefegt zu werden.

Stil   Auf Balkone, die aussehen, als würde sich gleich Julia über die Brüstung lehnen, um mit Romeo zu turteln, passen keine glänzenden Fiberglaskästen, andererseits werden in ein paar alten Tontöpfen wohl kaum üppige Pflanzen mit prächtigem Laub gedeihen. Darüber hinaus lassen sich bei altertümlichen Gefäßen oft nur schwer automatische Bewässerungssysteme installieren. Vielleicht muß daher ein alter Stil mit modernen Materialien imitiert werden, was durchaus möglich ist. Seine Wirkung wird dadurch ebensowenig beeinträchtigt wie die eines modernen Balkons, auf dem altmodisch anmutende Pflanzen wachsen. In den meisten Fällen wird man jedoch einen Kompromiß zwischen funktionalen Erfordernissen und einem ästhetischen Anblick finden müssen. An erster Stelle steht natürlich die Gesundheit der Pflanzen, aber das beste Arrangement taugt nichts, wenn das aufdringliche Design des Balkonkastens von der Schönheit der Pflanzen ablenkt.

Bepflanzung

Ein Balkongarten kann praktische Probleme mit sich bringen. Das Wässern kann mühselig sein, und das Hochschleppen von Tüten mit Erde über mehrere Treppen ist ziemlich anstrengend. Deshalb sollte ein Balkonkasten eine Augenweide sein und mehr an Blüten und Laub bieten als ein Kasten, der innerhalb einer größeren Gartenanlage eine nur untergeordnete Rolle spielt. Darüber hinaus muß er Tag für Tag dekorativ bleiben. Da an diesem Standort Pflanzenarrangements strengeren Prüfungen standhalten müssen als irgendwo sonst, ist es notwendig, zwei wichtige Regeln zu berücksichtigen (weitere Tips zur Bepflanzung Seite 62).

Ebenen Auf jedem schön bepflanzten Balkon wird es mehrere bepflanzte Ebenen geben. Bäume und Kletterpflanzen müssen sich in Augenhöhe oder noch höher befinden. Darunter kommen kleinere Sträucher oder Stauden, und kriechende oder hängende Gewächse ranken sich zwischen ihnen hindurch oder hängen von den Balkonkästen herab. Jede dieser Ebenen sollte das ganze Jahr hindurch interessante Farben, Formen, Düfte und Strukturen ausweisen, wobei aber – und hier liegt der Unterschied zu größeren Gärten – eventuell nur Raum für 20 oder weniger Pflanzen ist.

Tote Zeiten Anderswo mag Platz genug sein, Pflanzen zu bestimmten Jahreszeiten aus rein dekorativen Gründen umzustellen, doch auf einem Balkon müssen alle Pflanzen fast das *ganze* Jahr hindurch schön aussehen oder aber mehrere Spitzenzeiten haben. Ein Beispiel sind die kleinen Birken, die auf manchem Balkon in Manhattan wachsen. Sie haben nicht nur rund ums Jahr attraktive weiße Stämme, sondern stellen im Frühjahr wunderschönes frischgrünes Laub und im Herbst eine goldene Färbung zur Schau. Pelargonien sind als Dauerblüher äußerst beliebt, und in tropischen oder subtropischen Lagen entwickeln auch *Bougainvillea* fast ununterbrochen Blüten.

OBEN Dieser Balkon macht deutlich, daß zu bunte Mischungen leicht erdrückend wirken, auch wenn sie vielleicht einen Platz fröhlicher erscheinen lassen.

GEGENÜBER Das Laub dieses in Rosa und Weiß gehaltenen Arrangements wird durch silberblättrige Helichrysum *bereichert.*

Selbst für ein gärtnerisches Genie ist es kaum möglich, auf Anhieb alles richtig zu machen. Da ein Balkon aber nahe am Wohnbereich liegt und nur eine begrenzte Fläche hat, kann man täglich Veränderungen vornehmen. Selbst recht große Pflanzen können bei behutsamer Behandlung noch versetzt werden, und da die Anzahl der Pflanzen insgesamt gering ist, kann man sich vermutlich hin und wieder ein neues Exemplar leisten, ohne seine Geldbörse zu stark zu belasten.

Das Bepflanzen von Balkonkästen sollte Vergnügen bereiten, und daher ist es wichtig, zwar alle genannten Gesichtspunkte im Gedächtnis zu behalten, sich aber nicht in der Verwirklichung seiner persönlichen Vorstellungen einschränken zu lassen.

HOCHBEETE

Hochbeete sind die größten Pflanzgefäße, die es gibt. Auf Balkonen haben sie selten Platz, doch kleine Stadtgärten können ein völlig neues Gesicht bekommen, wenn man in solche Beete Rabatten von unterschiedlicher Höhe pflanzt. Hochbeete sind vor allem aus folgenden Gründen nützlich.

Licht Wenn man die Oberfläche höher legt, erhalten die im Beet wachsenden Pflanzen eventuell mehr Licht. Dies ist dort hilfreich, wo ein Garten von Mauern oder angrenzenden Gebäuden überschattet wird.

Pflege Behinderte Menschen und vor allem Rollstuhlfahrer sind oft nicht in der Lage, sich bis zum Boden hinunterzubücken, dagegen bereitet ihnen die Pflege eines Hochbeetes oft keine Mühe. Darüber hinaus sind heute spezielle Geräte im Handel, die Rollstuhlfahrern die Gartenarbeit erleichtern. Aber auch für vollkommen gesunde Menschen sind Hochbeete bequemer zu pflegen.

Gestaltung Ebenerdige, uninteressante Flächen gewinnen an Reiz, wenn man Hochbeete von unterschiedlicher Höhe anlegt.

Wasser In sehr kleinen Gärten kommen Wasserflächen oft besser zur Geltung, wenn sie in eine Anlage mit Hochbeeten einbezogen werden. Noch interessanter ist die Wirkung, wenn sich ein Springbrunnen oder ein kleiner Bach über zwei Ebenen ergießt.

Ein Problem von Hochbeeten ist ihre oft häßlichen Wände, die aus solidem Material gebaut sein müssen, um dem Gewicht der Erde standzuhalten. Sowohl aus Kunststein wie aus Naturstein sind sie notwendigerweise sehr dick, und die Pflanzen brauchen viel länger als in Töpfen oder Kästen, bis sie sich über sie gerankt haben. Daher muß man den Rändern von Hochbeeten besondere Aufmerksamkeit schenken und sie so bepflanzen, daß die Wände möglichst schnell unter dem Grün verschwinden. Bis dies geschehen ist, kann man am Fuße der Stützmauer kleinere Pflanzgefäße gruppieren.

Vor allem schlecht angelegte Hochbeete können jedoch noch ganz andere Probleme aufwerfen. Da die in ihnen befindliche Erde feucht sein muß, damit die Pflanzen gedeihen, gefriert sie bei Frost und dehnt sich aus. Der dadurch entstehende Druck führt bei Mauern, die keine Feuchtigkeitssperrschicht besitzen, im schlimmsten Fall dazu, daß sie Risse bekommen und schließlich zusammenfallen, zumindest aber können sich ganze Abschnitte verschieben oder wölben und häßliche Konturen entstehen lassen. Doch diese möglichen Nachteile werden durch so enorme Vorteile

GEGENÜBER, OBEN In den Hochbeeten dieses vorwiegend in Weiß gehaltenen Gartens wachsen Bäume, deren Kronen wie zarte Spitzen wirken.

GEGENÜBER, UNTEN In Hochbeeten können sich große Pflanzen wie Stockrosen optimal entwickeln.

UNTEN Eine triste Ecke ist durch Blumenkästen mit Blattpflanzen und blaublühende Bleiwurz zu Leben erwacht.

aufgewogen, daß sie niemanden von der Anlage eines Hochbeetes abhalten sollten. Und Pflanzen gedeihen nirgendwo besser.

Bepflanzung

Hochbeete bieten vielfältige Möglichkeiten für die unterschiedlichsten Bepflanzungen, und eventuelle Fehler fallen hier weniger auf als anderswo. Da sie eine große Menge Erde enthalten, ist die Palette der Pflanzen, die in Hochbeeten wachsen können, ebensogroß wie in einem konventionellen Garten, und doch kann hier ein in sich geschlossenes, perfektes Ökosystem geschaffen werden.

Wenn beispielsweise die Erde in einer Gegend sehr kalkhaltig ist, können in einem mit Torf gefüllten Hochbeet Kamelien oder Azaleen eine Heimat finden, die man mit großartigem herbstblühendem Enzian oder Primeln unterpflanzt. Das Herbstlaub kann auch durch den winzigen *Sorbus reducta* aufgeheitert werden, und in milden Lagen läßt man vielleicht eine *Lapageria rosea* in den Kamelien klettern, deren rote wachsartige Blüten einen schönen Kontrast zu dem flaschengrünen Spätsommerlaub bilden.

Von allen Pflanzgefäßen bieten Hochbeete Kletterpflanzen die besten Wachstumsbedingungen, da diese meistens einen kühlen, feuchten Wurzelbereich bevorzugen. Das ist eine Eigenschaft, die ausgenutzt werden sollte, da die Begrünung vertikaler Flächen in jeder Gartengestaltung eine wichtige Rolle spielt.

Dort, wo die Kultur von Kletterpflanzen möglich ist, sollte überlegt werden, ob man nicht zwei oder drei verschiedene Arten zusammensetzen kann. So könnte beispielsweise eine Kletterrose ein oder zwei Klematis stützen und durch die verschiedenen Farben und Formen der Blüten ein schöner Kontrast entstehen. Für den Halbschatten bieten sich mehrere Geißblattarten an. *Lonicera periclymenum*›Belgica‹ und ›Serotina‹ betören im Frühjahr und Frühsommer mit herrlichem Duft, und durch sie kann sich eine *Lonicera brownii* ranken, die eine wunderschöne rote Herbstfärbung hat, während *Lonicera japonica*›Halliana‹ bis in den Frühwinter hinein ihren Duft verströmt. Eine solche Pflanzung würde während fast zehn Monaten eines Jahres für Blüten, Duft und Grün sorgen. (Weiteres über Kletterpflanzen auf den Seiten 78 bis 81 und 147 bis 149.)

AUSGEFALLENE GEFÄSSE

Auch wenn mancher vielleicht die Nase rümpfen wird, kann es ungeheuren Spaß machen, Pflanzen in die absonderlichsten Behältnisse zu setzen. Als ich einmal durch die Hintergassen Oslos schlenderte, fiel mein Blick plötzlich auf einen alten Kinderwagen mit einer ziemlich ausgefallenen Form, einem Korbdach und großen Speichenrädern. Doch anstelle eines kleinen Norwegers befanden sich darin Töpfe mit *Impatiens* und Pelargonien. Ein andermal entdeckte ich in einem Badeort an der Küste mitten in der Stadt ein Boot, das mit bunten Blumen bepflanzt war, die sich üppig über seine Außenwände rankten. Und in ländlichen Dörfern und Städten werden zum gleichen Zweck häufig alte Bauernkarren benutzt.

Solche Pflanzungen haben mitunter eine unfreiwillige Komik, aber sie sind auch eine Form

OBEN Die Hauswurz scheint sich in diesen spaßigen Töpfen recht wohl zu fühlen.

künstlerischer Ausdrucksweise. Jener norwegische Kinderwagen war wirklich hinreißend, da seine reizvollen Konturen von den Pflanzen nicht verdeckt wurden und ich neben der Bepflanzung die handwerkliche Kunst vergangener Zeiten bewundern konnte. Blumengefüllte Boote drohen hingegen zum Klischee zu verkommen, doch vielen Urlaubern gefallen sie offenbar.

Nachttöpfe und alte Bettpfannen sprechen wohl eher kindliche Gemüter an, doch auch ich mußte neulich einmal unweigerlich lachen, als in einem britischen Küstendorf mein Blick auf einen schmalen Durchgang fiel. Vor der Hintertür einer Fischerhütte sah ich sauber aufgereiht Tontöpfe stehen, aus denen *Lobelia* und *Campanula isophylla* quollen, und neben ihnen, als sei gerade jemand herausgeschlüpft, stand ein Paar Gummistiefel, das auf die gleiche Weise bepflanzt war. »Hier in der Gegend wird alles bepflanzt«, erklärte mir mein Begleiter. »Er muß seine Stiefel länger als fünf Minuten vor der Tür gelassen haben!«

Doch welches Behältnis Sie auch bepflanzen wollen, es sollten dabei drei wichtige Punkte berücksichtigt werden.

Ästhetik Autoreifen, die weiß bemalt oder umgestülpt wurden, Ölfässer, Munitionskisten und Aludosen sehen schlichtweg häßlich aus, und falls man sie dennoch verwendet, sollten sie versteckt werden. Ein Gefäß sollte die Schönheit der in ihm wachsenden Pflanzen hervorheben und nicht von ihnen ablenken.

Stil Wenn ein Gefäß im Garten oder auf dem Balkon deplaziert wirkt, verzichten Sie lieber darauf. Ein alter, ausgedienter Schubkarren, der mit Begonien bepflanzt ist, sieht in einem ländlichen Garten vielleicht ganz hübsch aus, aber eine Nachbildung aus Gußeisen paßt nun wirklich nicht dorthin. In einem kleinen schicken Stadtgarten verhält es sich möglicherweise gerade umgekehrt – aber das ist natürlich auch eine Frage des persönlichen Geschmacks.

Eignung Wie ausgefallen ein Gefäß auch sein mag, es muß so viel Erde fassen, daß in ihm Pflanzen wachsen können. Auch soll es stabil sein, einem Sturm standhalten können, und es muß überschüssiges Wasser abfließen können. Wo nur wenig Erde Platz hat, verwendet man am besten Steingartenpflanzen, die karge Bedingungen mögen.

Gern werden bei der Gartengestaltung Natur und Kunst nebeneinandergestellt. Mancher mag dieses Konzept als extravagant empfinden, für mich heißt es jedoch nichts anderes, als daß Gegenstände noch schöner werden, wenn man sie mit Pflanzen umgibt. Großer Beliebtheit erfreut sich seit eh und je die romantische Ruine, die von duftenden altmodischen Kletterrosen überwuchert wird oder unter Efeu versinkt. Und so großartig ein Pflanzgefäß auch sein mag, Mutter Natur läßt es noch schöner erscheinen.

*OBEN   Pflanzgefäß oder Statue? Der eigentliche Charme
liegt hier in der Steinmetzarbeit, und daher muß das
Füllhorn auch nicht großartig bepflanzt werden. Eine
Fetthenne ist hier genau die richtige Pflanze.*

*OBEN RECHTS   Ein ausgedientes Boot ist zur Heimat
für eine reizvolle Hyazinthenpflanzung geworden. Wenn
für eine ausreichende Drainage gesorgt wird, können
später Sommerblumen folgen.*

*RECHTS   In diesem umgedrehten alten Dachziegel
hat kaum mehr als ein Löffel Erde Platz, und dennoch
wächst darin eine entzückende Gruppe von* Semper-
vivum-*Arten. Selbst unter so schwierigen Bedingungen
wirken die Farben und Strukturen der Pflanzen perfekt.*

DER TOPFGARTEN

Gelegentlich kommt es vor, daß ein ganzer Garten nur aus Töpfen besteht und nicht eine einzige Pflanze direkt im Boden wächst. In manchen Situationen geschieht dies aus voller Absicht, häufiger aber ist es eine pure Notwendigkeit.

Es gibt verschiedene Gründe dafür, Pflanzen in Gefäßen zu ziehen, in den meisten Fällen wäre jedoch jede andere Art der Bepflanzung vollkommen unmöglich. So gibt es auf Dächern und Balkons gar kein Erdreich, anderswo ist es zu steinig, zu kalkhaltig oder zu unfruchtbar, um Pflanzen am Leben zu erhalten. Oder der Platz ist so begrenzt, daß auch das kleinste Fleckchen sinnvoll genutzt werden muß.

Neben diesen Einschränkungen gibt es dann oft auch noch Umwelteinflüsse, die eine Pflanzenkultur ohne Gefäße problematisch machen. Hohe Gebäude können tiefen Schatten verursachen, der die Auswahl der Pflanzen begrenzt, oder sogar Windströmungen entstehen lassen, denen herkömmliche Gartenpflanzungen nicht standhalten.

In diesem Kapitel will ich auf die verschiedenen Möglichkeiten der Topfpflanzenkultur eingehen, wie etwa das Begrünen vertikaler Flächen und den Anbau von Obst und Gemüse, und außerdem einige Standorte unter die Lupe nehmen.

LINKS *Diese Gefäße stehen vor einem Hintergrund aus üppigen Kletterpflanzen. In ihnen wachsen Fetthenne, Zonal- und Hängepelargonien, eine hohe Schmucklilie und* Tagetes, *die den ganzen Sommer und Herbst farbenprächtige Blüten tragen.*

VERWENDUNG VON PFLANZGEFÄSSEN

Es gibt keinen Grund, Topfgärten gegenüber konventionellen Gärten als zweitklassig anzusehen. Wenn die Besitzer holländischer Flußschiffe ihre Boote neben leuchtenden Anstrichen so herrlich mit Kübeln und Kästen voll üppig gedeihender Pflanzen verschönern können, dann sollten wir wohl in der Lage sein, auch aus der kleinsten Fläche noch etwas zu machen.

Vielleicht werden Sie überrascht sein, welche Möglichkeiten selbst die winzigste, tristeste Außenfläche in sich birgt. Bei der richtigen Auswahl können sogar im tiefsten Schatten und in der ödesten Ecke noch Blumen gedeihen und verblüffend große Bäume über Jahrzehnte in Gefäßen wachsen, ohne Schaden zu nehmen und zu einer Belastung zu werden. Auch Kräuter, Obst und Gemüse entwickeln sich in Töpfen und Kübeln gut. Bei einigen, wie beispielsweise den frühen Erdbeeren, hat die Topfkultur sogar eindeutige Vorteile.

Eine erfolgreiche Gestaltung hängt bei Topfgärten von den gleichen Grundregeln ab wie bei konventionellen Gärten (siehe Seite 10 bis 15). Die Planung erfordert jedoch besondere Aufmerksamkeit, um eine Grundpflanzung zu schaffen, die das ganze Jahr über interessant wirkt.

Der größte Vorteil eines Topfgartens ist seine enorme Variabilität, denn die Gefäße können bewegt und im Laufe des Jahres immer wieder umgestellt werden. Sein vielleicht entscheidendster Nachteil besteht darin, daß man die Pflanzen – insbesondere Bäume und Sträucher – fast immer in der Größe beschränken muß, weil entweder in ihrem Gefäß nicht genug Platz für ihre Wurzeln ist oder sie zu groß für den gewählten Standort werden.

In kleinen Gärten ist dies wahrscheinlich kein Problem, da man dort vermutlich sowieso keine großen Bäume ziehen will, auf größeren Flächen ist man als Gartenbesitzer aber vielleicht ent-

OBEN   Ohne Töpfe wäre an manchen Plätzen eine Bepflanzung völlig unmöglich, wie etwa auf diesem holländischen Flußschiff.

LINKS   Die nackten Flächen dieses Dachgartens werden durch rankende Rosen und das üppige Laub einer Funkie wohnlich gemacht.

GEGENÜBER   Selbst ein Dachgarten kann sich in einen Dschungel verwandeln, wenn man viele Gefäße aufstellt und wuchsfreudige Pflanzen hineinsetzt.

täuscht, wenn man entdeckt, daß die Bäume aufgrund ihres beschränkten Wurzelraumes nicht ihre natürliche Größe erreichen. Es gibt verschiedene Methoden, in einem Topfgarten dafür zu sorgen, daß Bäume gesund bleiben und ihre optimalen Ausmaße erreichen, auf die im Abschnitt über Dachgärten eingegangen wird (Seite 64 bis 73).

Will man in einem konventionellen Garten Veränderungen vornehmen, muß man Pflanzen aus der Erde nehmen oder sogar neue Beete anlegen; im Topfgarten braucht man dagegen vielleicht nur einige Gefäße umzustellen. Doch ob Sie gerne Dinge verändern oder nicht – zu den wichtigsten Aufgaben bei der Anlage eines Topfgartens gehört zunächst, Gefäße zu besorgen.

Bei einigen Pflanzgefäßen wird es sich um einmalige Anschaffungen handeln, und möglicherweise werden sie sogar fest installiert, wie etwa Hochbeete. In ihnen wird vermutlich die Grundpflanzung wachsen. Bäume in großen Kübeln oder Sträucher in Kästen sind zu sperrig oder zu schwer, um öfter bewegt zu werden, doch zumindest bei Pflanzungen mit begrenzter Lebensdauer können durch Hinzufügen, Entfernen oder Umstellen ständig Veränderungen vorgenommen werden.

Es ist daher wichtig, einen Vorrat an kleinen Töpfen anzulegen, die um große Gefäße herum aufgestellt werden können und deren Konturen auflockern. In Kästen wachsende Bäume können unterpflanzt werden, oder man bringt Abdeckungen an, auf denen Pflanzen mit abweichenden Bodenansprüchen Platz finden. Solche Abdeckungen müssen jedoch durchlässig oder abnehmbar sein, um das Wässern zu erleichtern. Winzigkleine Töpfe, wie man sie im Haus verwendet, können entweder als Tischschmuck dienen oder als Lückenfüller in den Topfgarten einbezogen werden.

Da dauerhaft installierte Pflanzgefäße meist an Stellen stehen, an denen der Blick sofort auf sie fällt, sollte man nach etwas Besonderem suchen. Und wenn Sie ein schönes Gefäß entdeckt haben, dann greifen Sie zu, auch wenn Ihnen dadurch der Verlust eines Armes oder Beines droht. Sie werden es nicht bereuen. Alte Terrakottakübel sind heute leider selten und teuer geworden, und moderne scheinen nicht die großartige Haltbar-

keit der alten zu besitzen. Aber auch Nachbildungen und dauerhaftere Materialien sehen irgendwann verwittert aus (siehe Seite 33, 44f.). Metalltöpfe, Holzkästen, schwarzes Steingut oder teilweise glasierte Töpfe sind als Pflanzgefäße ebenfalls empfehlenswert und können sich sehr reizvoll ausmachen.

Da die meisten Topfgärten klein sind und sich fast immer in unmittelbarer Nähe der Wohnräume des Hauses oder der Wohnung befinden, ist es notwendig, sowohl praktische als auch ästhetische Aspekte zu berücksichtigen. So müssen Gemüsekulturen nicht nur ertragreich, sondern auch attraktiv sein, ein Wind- oder Sichtschutz muß gleichzeitig dekorative Funktion übernehmen, Bäume, die im Garten für Schatten und Kühle sorgen, sollten auch von Haus aus hübsch aussehen und so weiter.

Unter Beachtung dieser allgemeinen Regeln möchte ich mich nun einigen typischen Situationen zuwenden, die sich für die Anlage eines Topfgartens anbieten.

OBEN   In diesem gekiesten Hof besteht vielleicht wenig Möglichkeit, etwas direkt in die Erde zu pflanzen, doch halbe Fässer, in denen exakt gestutzte immergrüne Sträucher wachsen, sorgen für Leben. Sie können auch jederzeit umgestellt werden.

OBEN   In diesem Dachgarten wurden preiswerte halbe Ölfässer phantasievoll mit üppigen, farbenfrohen Pflanzen gefüllt. Die Rosen müssen während der gesamten Wachstumsperiode gedüngt werden, damit sie gut gedeihen.

BALKONGÄRTEN

Balkonkästen und ihre Bepflanzung wurden bereits auf Seite 50 und 51 behandelt, doch wo genügend Platz ist, kann aus einem Balkon fast ein Garten werden.

Eine kluge Plazierung und Bepflanzung der Gefäße sorgt für eine überraschend üppige Wirkung. Besondere Akzente setzen freistehende Bäume oder Sträucher in Töpfen und Kübeln, unter die niedrige oder kriechende Pflanzen gesetzt beziehungsweise kleine Töpfe gestellt werden können.

Oft wird die rückwärtige Mauer des Balkons stiefmütterlich behandelt, obwohl an Haken befestigte halbrunde Ampeln oder andere Gefäße diese sonst so triste Fläche großartig aufheitern würden. Falls der Schatten so tief ist, daß die meisten Blütenpflanzen nicht gedeihen, können dort vielleicht Farne oder sogar epiphytische Orchideen wachsen.

Auch viele der Vorschläge im Abschnitt über Dachgärten lassen sich auf Balkons übertragen, doch anders als die meisten Dachgärten sind Balkons gewöhnlich schmal und auf einer Seite begrenzt. Dadurch können dort kaum große Bäume wachsen, und es ist schwierig, Schatten entstehen zu lassen, außer vielleicht durch Kletterpflanzen, die an schmalen Schirmen wachsen. Wenn ein Balkon eine schöne Aussicht hat – etwa zum Meer oder über die Stadt –, sollte man sie nicht durch eine zu starke Begrünung beeinträchtigen. Ein Spalier für Kletterpflanzen, das den Balkon nur an der windzugewandten Seite oder in einem kleinen Bereich schützt, ist hier eine Kompromißlösung. Auch ein schmaler Schutzschirm oder eine klug plazierte immergrüne Pflanze können erstaunlich wirkungsvoll sein.

Auf einer so kleinen Fläche ist das Mobiliar wesentlicher Bestandteil der Gestaltung, dem die Bepflanzung untergeordnet werden muß. Dicht beim Sitzbereich aufgestellte Duftpflanzen machen den Aufenthalt auf dem Balkon noch vergnüglicher, doch wenn sich ein Gast vorlehnt, um sich ein Stück Kuchen zu nehmen, und es gerät ihm dabei das Blatt einer ungeschickt plazierten *Cordyline australis* ins Auge, könnte dies sogar rechtliche Konsequenzen haben.

OBEN   *Selbst auf dem winzigsten Balkon holen Pflanzgefäße die Natur mitten in die Großstadt.*

GEGENÜBER   *Töpfe, die auf die Brüstung gestellt wurden, machen diesen Balkongarten zur Oase.*

DACHGÄRTEN

Ein Dachgarten ist naheliegenderweise immer ein Topfgarten, da es dort kein Erdreich gibt, sofern es sich bei dem Haus nicht zufällig um einen unterirdischen Bunker handelt. Deshalb muß die Erde für jede Pflanze extra dorthin geschafft werden. Ungeachtet dessen können Dachgärten jedoch verblüffend natürlich – ja selbst dschungelartig – wirken, wenn man sie gut gestaltet und richtig bepflanzt.

Bei der Planung eines Dachgartens sollten folgende praktische Überlegungen berücksichtigt werden.

Gewicht Topfgärten können ein großes Gewicht haben, insbesondere dort, wo die Pflanzen in großen Stein- oder Betonkübeln mit lehmigem Substrat wachsen. Wo dieses zusätzliche Gewicht das Dach schädigen oder Sicherheitsprobleme aufwerfen könnte, ist die Anlage eines Dachgartens wohl keine gute Idee. Aber selbst auf stabilen Dächern sollte man das Gewicht begrenzen, und eine Möglichkeit ist die Verwendung von leichtem Torfsubstrat, das allerdings auch enormes Gewicht bekommt, wenn es sich mit Wasser vollgesogen hat.

Nässe Ein Dachgarten kann nur dort angelegt werden, wo sich die Bauweise des Hauses dazu eignet. Pflanzgefäße brauchen eine gute Drainage, und wenn die Konstruktion eines Daches nicht darauf eingerichtet ist, können schwerwiegende Probleme auftreten. Während auf einem freien Dach der Regen einfach abrinnt, können Pflanzgefäße Regenwasser aufstauen oder Schneewehen entstehen lassen, was möglicherweise ein Leck zur Folge hat. Auch ein auf einem

OBEN Nur wenige Dachgärten haben Manhattans Wolkenkratzer als Hintergrund, doch auch in jeder anderen Großstadt wirkt so ein Fleckchen Grün belebend.

RECHTS Während die leuchtenden Pelargonien nur im Sommer für Farbe sorgen, steht der Baum das ganze Jahr hier. Er muß jedoch geschnitten werden, um eine schöne Form zu behalten.

GEGENÜBER Die Vielfalt der Arten läßt auf diesem Dachgarten den Eindruck von Üppigkeit entstehen. Es befindet sich sogar ein fruchttragender Kirschbaum darunter!

undichten Dach installiertes automatisches Bewässerungssystem kann in der darunterliegenden Wohnung Schaden anrichten.

Licht Selbst Dachgärten liegen häufig im Schatten, so daß nur eine begrenzte Auswahl von Pflanzen für sie zur Verfügung steht. Dies muß nicht unbedingt ein Nachteil sein, doch es ist eine sorgfältigere Planung erforderlich.

Wind Da es auf Dachgärten oft recht zugig ist, müssen die Pflanzen Wind vertragen. Möglicherweise sind Schutzschirme notwendig, um die Kraft des Windes abzuschwächen.

Das Aufstellen von großen Pflanzen

Anders als auf Balkons oder kleinen Terrassen ist auf Dachgärten mitunter auch für recht große Bäume Platz. Dennoch gelten hier die gleichen Grundregeln für die Pflanzung und die Pflege wie bei einem zehn Zentimeter großen Topf, wenn man davon absieht, daß der Baum vermutlich nicht seine vollen Ausmaße entwickeln wird, auch wenn auf dem Dach noch so viel Platz ist. Damit Bäume eine ansehnliche Größe erreichen, gesund bleiben und eine hübsche Form bewahren, sollten die folgenden Punkte berücksichtigt werden.

Topfgröße Das verwendete Pflanzgefäß muß möglichst groß, aber noch zu handhaben sein. Die Größe wird durch verschiedene praktische Aspekte beschränkt, aber es ist wichtig, daß die Wurzeln genügend Platz haben.

Standsicherheit Achten Sie darauf, daß der Topf einen festen Stand hat, denn sonst kann es passieren, daß er umgerissen wird, wenn sich der Wind in der Baumkrone verfängt.

Düngung Düngen Sie regelmäßig, aber nicht zu viel (siehe Empfehlungen Seite 128 und 129). Bei ausgewachsenen Bäumen reicht eine Düngung pro Jahr aus, doch wenn beim Baum Symptome für Mangelerscheinungen sichtbar werden, wie etwa gelbe oder zu kleine Blätter, sollte man eine Blattdüngung durchführen oder eine Sondergabe Flüssigdünger verabreichen.

Wässern Gießen Sie reichlich. Während ein Baum wächst, beginnen die Wurzeln den Topf auszufüllen, und die Erde kann überraschend schnell austrocknen. Besondere Wachsamkeit ist bei großer Hitze geboten, da dann die Verdunstung über die Blätter sehr hoch ist und der Baum in kurzer Zeit große Mengen Wasser verliert.

Schnitt Führen Sie nur dann einen Schnitt durch, wenn Sie dabei nicht die Form des Baumes ruinieren. (Tips siehe Seite 130 bis 133.)

Gestaltung

Dachgärten können auf vielfältige Weise genutzt werden, und die Art der Gestaltung hängt weitgehend vom Nutzungszweck ab. Als Ort der Entspannung kann ein Garten auf dem Dach ebenso schön sein wie jeder andere Garten auch. Pflanzenliebhabern, die gern auch ungewöhnlichere Arten ziehen, sind gewisse Grenzen gesetzt, da sich nicht alle für die Topfkultur eignen, aber es bleiben ihnen noch Tausende von Arten, die sich auf einem Dach ebenso wohl fühlen wie in den Bergen, Wäldern oder Wiesen, in denen sie heimisch sind. Alpine Pflanzen beispielsweise können hier eine passable Größe erreichen und in ihren Töpfen hübsche Blickfänge bilden. Eine wunderschöne Form und herrliches tiefviolettes Laub hat auch der großartige Fächerahorn *Acer palmatum* ›Atropurpureum‹.

Soll ein Garten pflegeleicht sein, ist aber keine automatische Bewässerung vorhanden, können Pflanzen gezogen werden, die Trockenheit mögen. Schalen und Töpfe mit Hauswurz, *Echeveria*, Fetthenne oder Kakteen überstehen lange Zeiten ohne Pflege und tragen darüber hinaus zahlreiche reizvolle Blüten. In heißen Gegenden blühen auch *Bougainvillea* trotz minimaler Bewässerung üppig.

Selbst Obst und Gemüse gedeiht auf einem Dachgarten, doch dieses Thema wird ausführlicher auf den Seiten 82 bis 87 behandelt.

Nehmen wir einmal an, Sie möchten einen Garten anlegen, in dem Sie sich entspannen können, und Sie haben Ihren eigenen Stil gefunden. Nun stellt sich die Frage, wie Sie beispielsweise auf dem Dach eines Hochhauses eine Waldlichtung oder ein formales Parterre entstehen lassen.

Für eine formale Gestaltung kann man Kästen und Kübel aufreihen und bepflanzen, um eine

Vielzahl schöner Muster zu schaffen. Solange alle Pflanzen etwa in der gleichen Geschwindigkeit wachsen und ungefähr zur selben Zeit blühen, bleibt die Symmetrie des Arrangements erhalten. Selbst nicht besonders hübsche, ebene Flächen können verschönt werden, wenn man in regelmäßigen Abständen schlicht bepflanzte Töpfe oder auch flache Schalen aufstellt. Gartenmöbel fügen sich erstaunlich leicht in eine solche formale Gestaltung ein, da diese sehr viel mit einer Raumgestaltung gemein hat. Mitunter können Pflanzen beinahe ein Teil des Mobiliars werden, etwa wenn man um einen gestutzten Baum einen runden Tisch baut. Auf diese Weise wird der Baum nicht nur Tischschmuck, sondern spendet gleichzeitig lichten Schatten.

OBEN Bäume erreichen auf Dachgärten mitunter erstaunliche Größen. Am besten können sich ihre Wurzeln in Hochbeeten ausbreiten. Soll ein Baum gesund und zufrieden gedeihen, muß er darüber hinaus regelmäßig gedüngt, großzügig gegossen und gut geschnitten werden.

OBEN In diesem Dachgarten wurden Busch- und Kletterrosen gepflanzt, um die nackten Ziegelmauern zu kaschieren. Der Topf, in dem die rosafarbene Rose wächst, wird teilweise durch eine buntlaubige Funkie verdeckt. Die beiden bilden zusammen ein wunderschönes Paar.

Bei einer natürlichen Gestaltung sind so viele Pflanzen erforderlich, daß alle harten Linien, Winkel, Wände und selbst die Topfränder unter üppigem Grün verschwinden. Große, wuchsfreudige Pflanzen wie die Eselsdistel *Onopordum acanthium* oder der sich willig aussamende Schlafmohn sind besonders geeignet, jene zwanglose Atmosphäre entstehen zu lassen, die naturtypisch ist.

Auch wenn eine sorgfältige Planung erforderlich ist, damit ein natürlicher Garten nicht nur im Frühjahr und Sommer, sondern auch während des übrigen Jahres interessant wirkt, gehört es zu seinen Vorteilen, daß immer wieder kleine Veränderungen vorgenommen werden können. Man kann da eine Pflanze dazusetzen, dort eine andere wegnehmen, und dies zu jeder Jahreszeit, ohne den Gesamteindruck in irgendeiner Weise zu beeinträchtigen. Man kann Kletterpflanzen so ziehen, daß sie sich durch Sträucher und Bäume ranken, und Töpfe oder Schalen mit reizvollen Solitärpflanzen in den Garten integrieren, ohne Gefahr zu laufen, irgendeine Symmetrie zu zerstören.

Andererseits ist es nicht immer einfach, natürliche Pflanzungen unter Kontrolle zu halten. Was noch an einem Tag wie herrlich üppiges Grün aussieht, kann schon am nächsten zu einem wilden Durcheinander geworden sein. Während der Besitzer eines formalen Gartens – innerhalb weniger Stunden – die Vergißmeinnicht des Frühjahrs aus ordentlichen Kästen hebt, um sie durch Petunien zu ersetzen, muß sich der Gärtner im natürlichen Garten entscheiden, ob er sie Samen entwickeln läßt oder aber herauszieht und damit auch ein reizvolles Arrangement aus weißbuntem Silberling und den jungen graugrünen Blättern des Schlafmohns zerstört, die sich im vergangenen Jahr selbst im Kasten ausgesät haben.

Bei beiden Gestaltungsarten muß jedoch der Farbwahl einige Aufmerksamkeit geschenkt werden. Da Dachgärten, wie fast alle Topfgärten, gewöhnlich klein sind, wird jeder Fehler rasch offenbar. Gewiß erlauben natürlich gestaltete Gärten eine breitere Farbpalette, doch zu viele Töne haben auf begrenztem Raum unweigerlich eine unruhige Wirkung.

Dachgärten können sehr unterschiedlich aussehen, da sie aber häufig kein integraler Bestand-

*OBEN   In diesem halben Faß wachsen Hängepflanzen,
Lilien und* Tagetes, *die sofort die Blicke auf sich ziehen.*

*UNTEN   Die graue Brüstungsmauer wird durch Pflanzen
in Rosa- und Rottönen aufgeheitert, die in lackierten
Holzkübeln wachsen.*

*LINKS   Diese Dachfläche hat durch üppige Bepflanzung
und ein Wasserbecken ein neues Gesicht erhalten.*

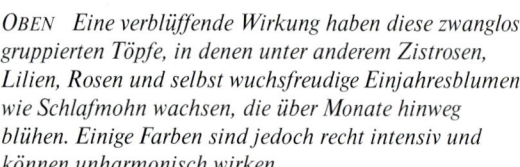

*OBEN   Eine verblüffende Wirkung haben diese zwanglos
gruppierten Töpfe, in denen unter anderem Zistrosen,
Lilien, Rosen und selbst wuchsfreudige Einjahresblumen
wie Schlafmohn wachsen, die über Monate hinweg
blühen. Einige Farben sind jedoch recht intensiv und
können unharmonisch wirken.*

*RECHTS   Üppiger Pflanzenwuchs charakterisiert diesen
großartigen Dachgarten. Viele Arten, wie etwa Hortensien und Sommermargeriten, werden ihre Blüten erst
noch öffnen. Die klug ausgesuchten Sträucher wirken
auch im Winter interessant.*

teil der Architektur sind, sondern erst nachträglich angelegt wurden, ist ihre Form und Lage selten ideal. Dennoch können bei einer guten Planung auch Flächen mit unregelmäßigem Grundriß vorteilhaft genutzt werden, da sie sich dazu anbieten, einen geheimnisvollen Garten entstehen zu lassen. Tatsächlich wird die Gestaltung oft gerade dann interessant, wenn besondere Schwierigkeiten zu bewältigen sind.

Stellen Sie sich beispielsweise eine Fläche mit einem L-förmigen Grundriß vor, dessen kurzer Schenkel aus einem kleinen, schmalen Durchgang besteht. Wenn man nun beide Seiten des schmalen Bereiches mit duftenden Kletterpflanzen begrünt und in der Mitte eine Sitzgelegenheit schafft, verwandelt sich auch dieser enge, trostlose Raum in eine einladende Laube voller Düfte. Falls etwas mehr Platz vorhanden ist, kann ein Quartett wohlplazierter Urnen oder sogar eine Statue einen kleine Blickfang entstehen lassen (Seite 91 bis 95).

Wenn man Flächen durch Barrieren aus Pflanzen, wie Bäume und Strauchgruppen, oder Gartenschmuckelemente unterteilt und Wege um sie herumführt, können sie dadurch optisch größer erscheinen. Auch Spiegel lassen sich sehr wirkungsvoll einsetzen. Doch nach einiger Zeit im Freien werden sie oft unschön und trüb.

Mit Hilfe eines Spaliers kann man ein *Trompe l'œil* erzielen, so daß der Eindruck von Gängen und Bogen entsteht. Die Latten müssen lediglich so geneigt sein, daß durch die Perspektive eine Dreidimensionalität vorgetäuscht wird, obwohl das Spalier tatsächlich nur zweidimensional ist. Besonders wirkungsvoll sieht es aus, wenn Kletterrosen an ihm wachsen.

Häufig sind häßliche Elemente vorhanden, die kaschiert werden müssen, wie etwa ein Entlüftungsrohr, ein Schornsteinkasten oder eine Mauerkappe. Nicht immer ist hier die naheliegendste auch die beste Lösung des Problems, das heißt, Kletterpflanzen an ihnen wachsen zu lassen oder Sträucher um sie herum zu stellen. Vielleicht ist der störende Gegenstand weniger häßlich als die Pflanzenansammlung, die ihn verstecken soll. Möglicherweise ist es erfolgversprechender, ihm bei der Gestaltung des Dachgartens einfach keine Beachtung zu schenken und statt dessen einen schönen Blickfang zu schaffen, der die Aufmerksamkeit von ihm ablenkt.

Hier können eine geschickt plazierte Statue, eine Sitzgelegenheit, eine besonders dekorative Solitärpflanze oder ein kleiner Brunnen nützlich sein, die am Ende einer gelenkten Aussicht einen Höhepunkt bilden. Selbst das unbewegte Wasser eines flachen, erhöht liegenden Beckens reflektiert seine Umgebung und läßt so den Eindruck von Tiefe entstehen. Bewegtes Wasser, wie etwa ein Springbrunnen oder kleiner Bach, erfordern eine etwas größere Tiefe, und auf beschränktem Raum besteht die Gefahr, daß es unruhig wirkt, andererseits kann es auch sehr effektvoll sein.

Gewöhnlich sind Dachgärten klein genug, um bei Nacht vollkommen erleuchtet zu werden. Niedrig montierte Lampen lassen wundervolle Schatten und Formen entstehen, die während des Tages verschwinden, wenn Mutter Sonne für Oberlicht sorgt. Einige Leute verwenden mit Vorliebe bunte Leuchten, doch künstliche Farben berauben die Pflanzen ihrer natürlichen Töne und damit einer wichtigen Eigenschaft.

Obwohl tatsächlich auf manchen Dachgärten Rasenflächen angelegt werden, erscheint mir die Vorstellung, einmal wöchentlich einen Rasenmäher auf das Dach eines Hochhauses zu schleppen, doch etwas seltsam. Üblicher ist ein Bodenbelag, der gewöhnlich aus Platten besteht oder aber aus Holzplanken, durch die Wasser ungehindert in die Entwässerungsanlage des Hauses abfließen kann.

Man kann jedoch recht leicht die Illusion eines Rasens erzeugen, indem man niederliegende Pflanzen wie den Feldthymian *Thymus serpyllum* oder – in frostfreien Gegenden – das üppig wuchernde Bubiköpfchen *Soleirolia soleirolii* pflanzt. Selbst Römische Kamille ist geeignet, obwohl sie gelegentlich geschnitten werden muß. Thymian braucht nur ganz wenig Erde und kann in flachen Schalen wachsen, auf denen er bald dichte Matten bildet. Auch wenn er sich nicht zum Begehen eignet, läßt er im Sommer eine zarte Fläche entstehen, deren Farbe von Grün in Violett, Leuchtendrosa oder Weiß übergeht, wenn die Pflanzen zu blühen beginnen.

Eine hübsche Alternative aus Viktorianischer Zeit sind Teppichbeete, die aber viele Gärtner ablehnen, da die Pflanzen hier ihre Individualität verlieren, und auch in Parks und Gärten werden sie wegen des großen Arbeitsaufwandes kaum

noch angelegt. Bei dieser Methode pflanzt man niedrige, schwachwüchsige Arten in großen Mengen dicht zusammen, um Muster und Bilder entstehen zu lassen. Zu den Pflanzen, die sich hierzu eignen, gehören beispielsweise *Echeveria*, Hauswurz, goldblättriges Mutterkraut und *Anthemis cretica* ssp. *cupaniana*. Einige müssen hin und wieder gestutzt werden, um das Muster zu erhalten, und man muß fleißig jäten, da Unkraut stört.

OBEN Kletterer wie diese Jungfernrebe lassen reizvolle Pflanzenschirme entstehen, brauchen jedoch einen kühlen Wurzelbereich und müssen, vor allem an exponierten Standorten, gut festgebunden werden.

GEGENÜBER Hier ist mit Hilfe eines Spiegels ein Trompe-l'œil-Effekt geschaffen worden, der dem Raum optisch Tiefe verleiht. Beachtenswert sind auch die Impatiens*, die hier im Schatten geradezu leuchten.*

TERRASSEN UND VORGÄRTEN

OBEN   Selbst neben einer Eingangstür findet sich Platz für Pflanzgefäße. Hier jedenfalls ist ein richtiger kleiner Garten entstanden.

OBEN   Runde Töpfe mit exakt gestutzten immergrünen Bäumchen, die von Rhododendren flankiert werden, geben diesem Eingangsbereich eine vornehme Note.

Ein Haus ist oft nur durch eine kleine Terrasse oder Pflasterfläche von der Straße getrennt. Fast immer ist es möglich, auch auf diesem begrenzten Raum einen winzigen Garten anzulegen, doch sollte er sich nicht auf gleicher Höhe wie seine Umgebung befinden. Durch die Verwendung von Töpfen läßt sich die Pflanzebene nach oben verlagern und die Palette der Pflanzen vergrößern, die hier wachsen können.

Wo eine formale Gestaltung erforderlich ist, kann man als stilvolle Dekorationen elegante Urnen und Kübel aufstellen. Mitunter sieht man auch Eisengitter, Balustraden oder niedrige Zäune, die oft aber sehr häßlich wirken, wenn man sie nicht begrünt.

Selbst bei einer streng formalen Gestaltung können die Konturen durch Dauerpflanzungen aus hängenden Gewächsen wie Efeu oder *Parthenocissus* aufgelockert werden. Weitere Ergänzungen sind vor allem eine Frage des persönlichen Geschmacks. Englische Gärtner neigen zu unruhigen Farbkombinationen, amerikanische sind bei ihrer Farbwahl sehr viel strenger und verwenden mehr an eine Innenausstattung erinnernde Zusammenstellungen, wie etwa reinweiße Azaleen, die vor einem Hintergrund aus panaschiertem Efeu wachsen.

In Vorgärten sind die Wachstumsbedingungen selten ideal, und manchmal überfordern sie ihre Besitzer beinahe. Natürlich müssen für besondere Probleme auch besondere Lösungen gefunden werden, allgemein gilt jedoch, daß man ein Pro-

OBEN Vor dieser Eingangstür lockern Sommerblumen wie Kapuzinerkresse die strenge Wirkung geschnittener Immergrüner auf.

OBEN Die nackten Linien dieser kleinen Ecke erhalten durch üppig wuchernde Stiefmütterchen, Petunien, Pelargonien, Impatiens *und Fuchsien neue Gestalt.*

blem zunächst erkennen muß, um die Pflanzen so auswählen zu können, daß die negativen Eigenschaften eines Standortes möglichst wenig zum Tragen kommen. Eine an die Straße angrenzende Pflasterfläche, die im Winter mit salzigem Matsch bespritzt wird und im Sommer mit Staub bedeckt ist, scheint ein hoffnungsloser Fall, doch es gibt Pflanzen, die selbst Salz tolerieren, wie *Fuchsia magellanica, Tamarix, Cordyline* und *Cytisus.*

Aber wie man sich auch entscheidet, man sollte stets daran denken, daß eine Terrasse an der Hausfront ungeschützt daliegt und den Vorbeikommenden mehr über Sie und Ihren Geschmack verrät als die Vorhänge oder der Außenanstrich Ihres Hauses. Andererseits ist sie selten ein Ort, an dem man lange verweilt, und daher sollte man lieber

dafür sorgen, daß ein hübsches Gesamtbild entsteht, statt Zeit auf Kleinigkeiten zu verwenden, von denen ohnehin niemand Notiz nimmt.

Eine geschützte Terrasse an der Rückseite des Hauses kann man zwangloser gestalten. Und bei einem Glas Wein oder während eines Grillfestes findet man dort auch die Zeit, sorgfältig ausgewählte Farbkontraste, unterschiedliche Blattstrukturen oder eine umfangreiche Sammlung von Steinbrechgewächsen zu bewundern. Mit anderen Worten: Sie müssen Ihren Garten entsprechend *Ihren* Bedürfnissen gestalten. Doch so abgeschieden der hintere Bereich auch sein mag, sollten Sie stets daran denken, daß Vorgärten gewöhnlich den prüfenden Blicken der Öffentlichkeit preisgegeben sind.

TREPPEN UND STUFEN

Mit hoher Wahrscheinlichkeit gibt es in Ihrem Garten mindestens zwei Ebenen, und daher werden auch Treppen oder Stufen vorhanden sein. Wie sehen sie aus? Sind sie hübsch oder häßlich? Jede Treppe kann durch gut plazierte Pflanzgefäße verschönert werden, ob es sich um Kalksteinstufen aus dem 18. Jahrhundert oder eine ausgediente Feuerleiter aus Metall handelt.

Stellen Sie sich eine Außentreppe vor, auf der rechts und links sich anmutig biegende Orchideen stehen, oder einen Metallbalkon mit Stufen, auf denen bunte Kletter- und Hängepflanzen wachsen. Die verschiedenen Ebenen lassen einen schönen Blickfang entstehen, vor allem dort, wo die Pflanzen so ausgewählt wurden, daß sich einige herab- und andere hinaufranken.

Denken Sie aber daran, daß ein ungehinderter Durchgang gewährleistet sein muß. Nie sollte man die Sicherheit einer kunstvollen Gestaltung opfern. Feuerfluchtwege dürfen nicht verstellt werden, und Treppen müssen begehbar bleiben. Die Beachtung solcher Regeln ist eine Sache der Vernunft, dennoch findet sich auf vielen Treppen reichlich Platz, der nicht genutzt wird und Raum für Pflanzen bietet.

Der Garten mancher Leute besteht oft nur aus ein paar Stufen, die zu einer Kellerwohnung führen. Hier ist es besonders wichtig, das Beste daraus zu machen. Solche Kellertreppen lassen sich mit Topfpflanzen wunderschön gestalten, und kletternde Arten wachsen gern in der kühlen Erde von Töpfen, die unterhalb der Straße stehen, vor allem dort, wo sie am Treppengeländer der Sonne entgegenranken können. Wiederum blühen auch in dieser Situation *Impatiens* bereitwillig, und wenn am Geländer Kästen oder andere Pflanzgefäße befestigt werden, kann die gesamte Fläche unter einem leuchtenden Blütenflor oder einer Flut sanften Grüns verschwinden, so wie es Ihnen am besten gefällt.

OBEN Es müssen nicht immer Blüten sein, denn es gibt eine riesige Auswahl an Blattpflanzen mit großartigen Wuchsformen und Färbungen. Viele sind sogar immergrün und vertragen auch tiefen Schatten.

RECHTS Die Kombination von Blütenfarben erfordert Fingerspitzengefühl. In Gesellschaft von Rot und Gelb verschwinden zarte Töne beinahe.

GEGENÜBER Hier wurde ein imposanter Eingang mit dezenten Farben und klassischen Formen geschmückt. Wenn die anderen Pflanzen im Sommer ihre ganze Schönheit entfaltet haben, können die gestutzten Sträucher an einen anderen Platz gestellt werden.

VERTIKALE FLÄCHEN

Die Bedeutung vertikaler Flächen kann insbesondere bei Topfgärten gar nicht genug hervorgehoben werden. Stellen Sie sich einen kleinen Stadtgarten vor, in dem für nichts anderes als einen kleinen Tisch, ein paar Stühle, ein winziges Hochbeet und vielleicht einige hübsche Topfgruppen Platz ist. Nun umgeben Sie diesen Raum auf allen Seiten mit Mauern. Man braucht kein Rechengenie zu sein, um festzustellen, daß dadurch bedeutende zusätzliche Flächen für eine Bepflanzung entstehen, und ohne eine schöne Begrünung wären die Möglichkeiten dieses Gartens nicht voll genutzt.

Bepflanzung

Am schönsten ist eine Wand, wenn sie das ganze Jahr unter einer großartigen Vielfalt von Pflanzen verschwindet, von denen stets einige Blüten oder schönes Laub tragen. Im tiefen Erdreich eines normalen Gartens ist es kein Problem, kletternde und andere Pflanzen vor Mauern zu ziehen, im Topfgarten muß die Auswahl jedoch etwas sorgfältiger getroffen werden, denn obwohl sich die meisten Pflanzen – insbesondere bei guter Düngung und Wässerung – in Gefäßen wohl fühlen (Pflege von Kletterpflanzen siehe Seite 130), entwickeln sich dort nur wenige so gut wie im Freiland.

Starkwüchsige Kletterrosen können sich beispielsweise nicht in ihrer ganzen Schönheit entfalten. Sie wirken schnell halb verhungert, und dieser Eindruck überträgt sich auf die anderen Pflanzen in dem Gefäß. Da sie darüber hinaus häufig den Nachteil haben, nur einmal im Jahr zu blühen, sind sie für solche Pflanzungen nicht ideal. Die langsamer wachsenden Arten eignen sich hingegen ausgezeichnet und blühen sogar besser, wenn sich ihre Wurzeln nicht ungehindert ausbreiten können. Für wärmere Lagen empfehlen sich auch die herrlichen viktorianischen und edwardianischen Teerosen wie etwa die aprikosenfarbene Sorte ›Lady Hillingdon‹ und die cremeweiße ›Sombreuil‹ oder die blutrote, stark duftende ›Guinée‹. Darüber hinaus gibt es noch Hunderte moderner Kletterrosen, die gern in Töpfen wachsen und in einer großartigen Farbpalette erhältlich sind.

Von den Klematisarten läßt sich *Clematis montana* nur schwer bändigen und kann eine ganze Pflanzung durcheinanderbringen, doch wo ein rasch wachsender, dichter Schutz gebraucht wird, ist sie vielleicht einen Versuch wert. Die schönste weißblühende Klematis ist *Clematis chrysocoma* var. *sericea*, das herrlichste Rosa hat die Art *Clematis chrysocoma*, doch ist sie nicht immer zu bekommen. Beide Pflanzen haben schöngeformte Blüten, die sich über mehrere Wochen hinweg öffnen. Einige der großblumigen Klematis wollen in Töpfen nicht gedeihen, vor allem dort, wo nicht für einen kühlen Wurzelbereich gesorgt ist. Sie bilden jedoch die Ausnahme, und es bleiben noch etwa zweihundert Sorten, aus denen man auswählen kann, so daß man sicherlich einige findet, die an dem für sie gedachten Platz wachsen.

Ich pflanze am liebsten die spätblühenden Sorten von *Clematis viticella*. Sie haben etwas kleinere Blüten als die großen Hybriden, doch entwickeln sie vom Hochsommer bis in den Spätherbst einen dichten Blütenflor. Außerdem kann man sie im Spätwinter bis in Bodenhöhe zurückschneiden und so die häßlichen kahlen Stengel beseitigen. Die wilde Art mit ihren kleinen dunkelblauen Blüten ist ein wenig unscheinbar, doch die Sorte ›Alba Luxurians‹ hat großartige weiße Blüten mit einem blauen Schimmer, und jedes ihrer Kelchblätter wird von einer grünen Laubkrause umrahmt. ›Minuet‹ ist wunderhübsch violett mit weißer Mitte und ›Rubra‹ großartig rubinrot. Besonders gut kommt sie zur Geltung, wenn sie einen Kontrast zu gelben oder zitronenfarbenen Rosen bildet.

Neben Rosen, Klematis und Geißblatt (Seite 147 bis 149) gibt es noch Hunderte anderer Kletterpflanzen, die rasch wachsen und bald Schutz oder Schatten spenden. In warmen Lagen sind *Bougainvillea*, Jasmin, *Allamanda*, *Lapageria* und *Ipomoea* gut geeignet. In kühlen Gegenden bieten sich hübsche Gattungen wie *Akebia*, *Wisteria*, *Ampelopsis*, *Humulus* (Hopfen), *Hydrangea*, *Vitis* (Wein) oder – falls man tollkühn oder verzweifelt ist – der gefürchtete Schlingknöterich an.

Kletterpflanzen weisen große Unterschiede in ihrer Wuchsfreudigkeit auf, und daher ist es wich-

GEGENÜBER Senkrechte Flächen machen oft einen wichtigen Teil des Gartens aus, und hier wurde fast jeder Zentimeter ausgenutzt. Auf dem Boden drängeln sich Gefäße, die mit Dahlien und anderen Stauden bepflanzt sind. Hinter ihnen wurden Fuchsien und Kletterpflanzen an einer Mauer gezogen, an der nicht nur ein hölzernes Spalier, sondern auch eine Reihe üppig bepflanzter Gefäße befestigt worden ist.

tig, daß die richtigen Arten zusammengepflanzt werden, damit nicht nur Farben und Blattstrukturen harmonieren, sondern auch eine Pflanze nicht die übrigen überwuchert. Wo Kletterpflanzen in Sträuchern ranken, ist es oft ratsam, Arten zu wählen, die stark zurückgeschnitten werden können wie etwa *Clematis viticella*. Ebenfalls geeignet sind kletternde krautige Pflanzen wie *Asarina erubescens, Eccremocarpus scaber* oder der zauberhafte kletternde Eisenhut *Aconitum volubile*. Hier kann der »Wirt« vor Beginn jeder Wachstumsperiode in Form gestutzt werden, bevor sich die Kletterpflanze erneut ausbreitet.

Mauern sind nicht die einzigen vertikalen Flächen, die sich für die Begrünung durch Topfgärten anbieten. Pflanzenschirme können von unschätzbarem Wert sein, um einen dekorativen Schutz entstehen zu lassen, und bei der Gartengestaltung eine wichtige Funktion übernehmen. Um jedoch großen Kletterpflanzen bei Wind und Regen Halt zu geben, sind kräftige »Wirtspflanzen« oder sehr stabile Spaliere erforderlich. Für diese Pflanzenschirme gelten die gleichen Regeln wie für Mauerbegrünungen, wenn man davon absieht, daß möglicherweise die Pflanzenauswahl eingeschränkt ist, da der Schutz der Mauer fehlt.

Die Alternative zu einem Spalier ist eine Hecke. Mit einem Topfgarten kann in einem Hochbeet, einem Kasten und selbst mit einer Reihe von großen Kübeln eine absolut perfekte Hecke entstehen. Heckenpflanzen gedeihen fast immer auch in Gefäßen und haben hier den zusätzlichen Vorteil, beweglich zu sein. Für formale Gärten bieten sich Hunderte Arten an, die geschnitten werden können, wobei Eibe, Stechpalme, Buchsbaum und Zypresse immer noch am schönsten sind. Gewöhnlich reicht ein Schnitt im Jahr aus, doch dies ist eine Sache des persönlichen Geschmacks. Der Formschnitt findet in formal gestalteten Gärten vielfältige und reizvolle Anwendungsmöglichkeiten und ist auf Seite 132 und 133 ausführlicher beschrieben.

Ebenso leicht lassen sich freiwachsende Hecken ziehen, doch sollte dabei bedacht werden, daß ungeschnittene Sträucher eine offenere Wuchsform haben und keinen so wirksamen Schutz wie eine gestutzte Hecke bieten. Andererseits erlauben sie eine größere Bandbreite an Farben und Strukturen und können mit geeigneten Stauden unterpflanzt werden, um einen naturnahen Eindruck zu erwecken.

OBEN In aufgereihten Kübeln wächst hier die zumeist kletternde Schizophragma *und läßt einen dichten Schutzschirm aus Laub entstehen. Er sieht nicht nur hübsch aus, sondern dämpft darüber hinaus Geräusche und macht den Garten heimelig. Auch viele andere Sträucher und selbst Efeu können auf diese Weise gezogen werden, doch ist dafür Geduld und Geschicklichkeit erforderlich.*

GEGENÜBER An den Ziegelpfeilern einer Pergola ranken sich Reben empor, die bald die waagrechten Träger erreicht haben und dann Schatten spenden. Das Margeritenbäumchen bildet ein Bindeglied zwischen den niedrigen Topfpflanzen und den kletternden Gewächsen.

NUTZPFLANZEN

Es macht viel Spaß, eigenes Obst und Gemüse zu ziehen, und manche Leute mögen einfach das Gefühl, sich zumindest teilweise selbst versorgen zu können. Außerdem weiß man – selbst bei nichtbiologischem Anbau – immerhin, welche chemischen Mittel verwendet wurden, wenn der Salat oder die Bohnen aus dem eigenen Garten stammen.

Die Kultur von Nutzpflanzen in Töpfen ist völlig problemlos und wird weithin praktiziert. Dennoch dürfen Sie nicht vergessen, daß dem Anbau von Obst und Gemüsen in Töpfen und Kübeln gewisse Grenzen gesetzt sind und mehrere wichtige Punkte berücksichtigt werden müssen.

Ertrag Um gut zu gedeihen, benötigen die meisten Gemüse- und Obstarten volles Licht. Daher werden in einem gut geplanten, schönen Garten, der auch etwas Schatten braucht, vermutlich keine optimalen Erträge erzielt werden.

Ästhetik Gemüsekulturen sind selbst bei noch so kunstvoller Planung nicht immer schön. Rosenkohl beispielsweise kann, vor allem inmitten der Erntezeit, dünn und mickerig wirken, und welkende Kürbispflanzen besitzen nicht einmal den Charme weggeworfener Zeitungen.

Platz Hier gibt es zwei Probleme: Erstens beanspruchen Gemüsekulturen oft große Flächen – ein einzelner, vollentwickelter Kohlkopf braucht mitunter einen ganzen Quadratmeter Boden –, und zweitens bleibt nach der Ernte ein häßliches Loch, was im Küchengarten nichts macht, doch ein Topfgarten kann dadurch völlig verunstaltet werden.

All diese Schwierigkeiten stellen jedoch keine unüberwindlichen Hindernisse dar, und tatsächlich kann man aus der Not auch eine Tugend machen.

Um möglichst hohe Erträge zu erzielen, ist es am einfachsten, ganz auf Blumen zu verzichten und ausschließlich Nutzpflanzen anzubauen, die unkrautfrei gehalten, gedüngt und gegen Schädlinge und Krankheiten geschützt werden müssen. Bei dieser Methode sind enorme Ernten möglich, doch wenn man nicht gerade ein verhinderter Ackerbauer ist, wird man an einem solchen Garten keinen Gefallen finden. Wer gute Ernten einbringen, aber gleichzeitig einen schönen Garten haben will, muß daher Kompromisse schließen.

Düngen Sie die Gemüse möglichst reichlich, doch nicht so viel, daß die Blumen zu schießen beginnen. Wählen Sie die Sorten sowohl nach ihrem Aussehen als auch nach ihrem Ertrag aus, und achten Sie vor allem darauf, daß die Pflanzengruppen harmonieren. Wenn Gemüsepflanzen geerntet werden und Lücken entstehen, sollten möglichst bald wieder andere Gemüse oder raschwachsende Blumen an ihren Platz gesetzt werden – vielleicht winterharte Einjahresblumen oder in Töpfen gezogene Exemplare, die bereits blühen.

Was die Ästhetik betrifft, so kann man im Falle einer abgeernteten Brokkolipflanze wenig mehr tun, als sie herauszuziehen – aber gesunde Gemüse haben auch ihre eigene Schönheit. Das frische, farnartige Aussehen junger Möhrenblätter, das leuchtende Rot reifer Tomaten, das satte Purpurschwarz von Auberginen und das kühle Blaugrün von Kohl und Porree – all dies sind Dinge, die jeden Garten verschönern würden. Ein Freund von mir baut Brokkoli an, den er Blüten entwickeln läßt, weil ihm ihr Zitronengelb so gut gefällt! Daher ist die Auswahl von Gemüsepflanzen mit dekorativer Wirkung ein geeigneter erster Schritt, um gestalterische Nachteile auszugleichen.

Und die Phantasie tut das übrige. Wenn Zierpflanzen neben Gemüsen wachsen, können reizvolle Arrangements entstehen. In einer Gruppe von Kletterpflanzen leisten beispielsweise Stangenbohnen mit ihrem smaragdgrünen Laub und den scharlachroten Blüten einen reizvollen Beitrag. Und warum nicht auch ein oder zwei Salatgurken, einige Kürbisse oder eine Melone miteinbeziehen? Selbst große Mark- oder Squashkürbisse können an Spalieren wachsen und mit anderen Kletterpflanzen harmonieren, obwohl ihre schweren Früchte möglicherweise eine zusätzliche Stütze brauchen, damit die Triebe nicht durch ihr Gewicht heruntergezogen werden.

Am Boden sorgen die Früchte von Zwergtomaten im Sommerbeet für Farbe, und wo genügend Platz ist, gebührt Artischocken ein Ehrenplatz – besonders schön sind Sorten mit silbrigem Laub.

Und lassen Sie ein oder zwei Knospen stehen, denn sie öffnen sich zu wunderschönen leuchtendblauen Blüten.

Es gab in Pflanzenkatalogen schon immer Gemüsesorten mit ungewöhnlichen Färbungen, doch mit dem neuerwachten Interesse am Nutzgarten ist die Zahl der Gemüse, die sowohl wegen ihres Aussehens als auch ihrer kulinarischen Eigenschaften gezogen werden, enorm gestiegen.

OBEN   Hier wachsen in Kübeln Stangenbohnen mit scharlachroten Blüten, die in dem tristen Hof zumindest zeitweilig einen wunderbaren Laubschirm entstehen lassen. Zwischen die Bohnen gepflanzte Dahlien, Pelargonien und Lobelia *sorgen für farbenfrohe Kontraste, so daß sich in der Pflanzung Schönheit und Nützlichkeit verbinden.*

RECHTS   Sofern die Wachstumsbedingungen gut sind, gedeihen Gemüse auch in Gefäßen. Zwar brauchen sie sehr viel Platz, doch in einem klug geplanten Küchengarten können selbst auf begrenztem Raum verblüffende Ernten erzielt werden. Stiefmütterchen und Kohl sind in der Tat ein ungewöhnliches Paar!

Ein Beispiel sind die prächtig gefärbten Zierkohlsorten, die man für die Küche ernten, aber auch wachsen lassen kann, bis sie Samen ausgebildet haben. Manchmal ist ihre Farbe fast etwas grell, doch sie wurden schon häufig benutzt, um großartige Beete anzulegen. Weitere ausgefallene Mitglieder der Kohlfamilie sind violetter Blumenkohl wie ›Winter Cape‹, roter Rosenkohl (›Rubine‹) und verschiedene Brokkolisorten wie ›Rosalind‹ (rot) und ›Romanesco‹ (gelb).

Auch Bohnen und Erbsen werden in verschiedenen Farben angeboten. Schon die üblichen weißen Erbsenblüten sind hübsch, aber es gibt auch Erbsensorten, die violette Blüten und Schoten haben. Stangenbohnen blühen in einem Spektrum von Weiß bis Scharlachrot.

Zu den besonders schönen Blattgemüsen gehört rötlicher Mangold, doch sieht der grüne Mangold mit seinen aufrechten Stengeln und gerunzelten Blättern beinahe ebenso dekorativ aus. Kopfsalat und Endivie sind mittlerweile in allen

OBEN   *Das hübsche Laub der Erdbeere wirkt beinahe das ganze Jahr hindurch dekorativ.*

GEGENÜBER   *Alle Zitrusarten haben immergrünes Laub, einen herrlichen Duft und leuchtende Früchte.*

Formen, Größen und Schattierungen von Tiefgrün über Bronze bis Rot erhältlich, und auch andere Gemüse, insbesondere Feldsalat, Gemüsefenchel oder Staudensellerie, sehen reizvoll aus und sind dankbare Pflanzen.

Schöne Früchte

Da fast alle Obstarten sehr hübsch sind, verursachen sie selten Gestaltungsprobleme, nicht einmal im Topfgarten. Selbst Obstbäume lassen sich erfolgreich in Gefäßen kultivieren. Tatsächlich wurden im 19. Jahrhundert Treibhäuser ausschließlich für Obstbäume gebaut, die in Kübeln wuchsen. Während des Sommers standen sie draußen, doch im Winter wurden sie nach drinnen gebracht, so daß sie bei künstlicher Wärme und ständiger Pflege bereits im Spätfrühjahr wieder Äpfel und Birnen trugen. Kirschen sehen in Kübeln ebenso hübsch aus wie Birnen und Äpfel, und im Frühjahr entwickeln alle drei reizvolle Blüten. Möglicherweise brauchen die Bäume einen etwas anderen Schnitt, damit sie klein bleiben und eine schöne Form bewahren, dennoch werden sie Früchte tragen.

Pfirsiche, Aprikosen, Pflaumen und Nektarinen eignen sich ausgezeichnet als Spalierbäume und können vor Mauern als Fächer gezogen werden, wo sie üppig Früchte ansetzen. Außerdem haben sie dekorative Blüten und schönes Laub. Auch Feigen gedeihen vor einer warmen Wand gut und entwickeln große, köstliche Früchte. In warmen Lagen kann man das Schöne mit dem Nützlichen verbinden, indem man Reben und Passionsfrucht an Stützen zieht, damit sie Schatten spenden.

Beerensträucher sind für den Topfgarten weniger geeignet, da sie nicht besonders attraktiv sind und verglichen mit ihrem Ertrag sehr viel Raum in Anspruch nehmen. Rote Johannisbeeren und Stachelbeeren können als Spaliersträucher gezogen werden, gedeihen aber freistehend besser. Himbeeren brauchen Platz und darüber hinaus kühle Wurzeln und fruchtbaren Boden. Nur die Erdbeeren bilden eine löbliche Ausnahme und gedeihen in Töpfen ausgezeichnet. Die dekorativen Pflanzen haben hübsche Blätter, schöne weiße Blüten und großartige rote Früchte. Außerdem entwickeln sie Ausläufer und ranken sich daher über die

Seiten ihres Topfes. Man kann sie sogar in Ampeln oder spezielle Erdbeertöpfe mit Öffnungen in den Wänden setzen.

Wenn man die Pflanzen vor Frost schützt, können bereits sehr früh Erdbeeren geerntet werden, und bei Auswahl der richtigen Sorten entwickeln sich die ganze Wachstumsperiode hindurch weitere Früchte. Die Walderdbeere läßt sich leicht aus Samen ziehen und trägt beinahe ununterbrochen. Ihre scharlachroten Früchte haben einen wunderbaren Geschmack, aber sie sind sehr klein, und man braucht einen halben Nachmittag, um ein Schüsselchen voll zu pflücken. Die Pflanzen sind so hübsch, daß sie sich sogar als Beeteinfassungen eignen. Alle Erdbeeren lassen sich leicht vermehren.

Kräuter

Die meisten Kräuter sind hübsche Ergänzungen für den Topfgarten, und zusammen mit Gemüsen und/oder Zierpflanzen sehen sie wunderschön aus. Theoretisch könnten alle Kräuter in Töpfen wachsen, doch einige werden für kleine Gärten einfach zu groß. Dies gilt vor allem für Engelwurz, Liebstöckel, Süßdolde, Beinwell und Fenchel.

Kräuter lassen sich in zwei Kategorien einteilen. Die einen gehören zur Grundausstattung jeder Küche, die anderen haben nur begrenzten kulinarischen Nutzen, besitzen dafür aber andere wertvolle Eigenschaften. Ein Vertreter der ersten Gruppe ist Salbei, ein Vertreter der zweiten Mutterkraut. Bei der Kultur kann man die folgenden drei Gruppen unterscheiden.

Einjährige und zweijährige Kräuter Hier sind Petersilie, Basilikum und Koriander die bekanntesten Vertreter, und wie alle ein- und zweijährigen Pflanzen muß man sie jedes Jahr neu aussäen. Basilikum, von dem es ein Dutzend und mehr Formen gibt, ist nicht winterhart und braucht einen frostfreien Platz. Petersilie keimt nur bei niedrigen Bodentemperaturen. Sie bildet Samen aus und muß neu gesät werden. Beim Koriander lohnt sich während der Wachstumsperiode eine monatliche Aussaat, damit man immer junge Blätter zur Verfügung hat. Die Samen werden getrocknet geerntet und schmecken vollkommen anders als die

OBEN   Lavendel und goldblättriger Salbei gehören zu den Küchenkräutern, die wunderbar mit Ziergewächsen zusammengepflanzt werden können.

OBEN RECHTS   Ein Kübel mit Ysop und verschiedenen Minzearten läßt einen kleinen Duftgarten entstehen.

Blätter. Alle drei Kräuter mögen fruchtbaren, feuchten Boden.

Stauden Die Stars dieser Gruppe sind Estragon, Minze und Majoran. Minze wuchert stark und wird daher gern in Töpfe gepflanzt, möchte aber feucht stehen. Es gibt mehrere Sorten, wie etwa die golden gezeichnete Orangenminze, die weißbunte Apfelminze, die Pfefferminze und die Krauseminze. Die niederliegende Poleiminze *Mentha pulegium* läßt duftende Teppiche entstehen. Majo-

ran und Estragon kommen besser als die Minze mit Trockenheit zurecht. Vom Majoran ist die goldblättrige Form *Origanum vulgare* ›Aureum‹ sehr hübsch. Alle drei Kräuter lassen sich leicht durch Teilung vermehren.

Der kleine Schnittlauch ist unkompliziert und entwickelt im Frühsommer schöne rosaviolette Blüten. Liebstöckel, Mutterkraut und Engelwurz eignen sich zwar wunderbar für die Küche, brauchen aber viel Platz. Die Engelwurz wird beispielsweise zwei Meter und höher, bis ihr Wurzelstock so groß ist, daß sie auch zur Blüte kommt.

Sträucher und Halbsträucher   Typische Beispiele sind hier Salbei, Rosmarin und Thymian. Sie stehen gern warm und trocken und gedeihen daher in praller Sonne gut. Thymian kann wie eine Staude

geteilt werden, doch bei allen Kräutern bewurzeln sich auch Stecklinge rasch. Von jedem gibt es interessante Gartenformen.

Andere Kräuter sind für die Küche vielleicht nicht so wertvoll, sehen in Töpfen aber dennoch sehr schön aus. Empfehlenswert sind die vielen Duftpelargonien oder der Zitronenstrauch *Aloysia triphylla*, der jedoch leicht hochbeinig wird. Ysop gedeiht gern in Töpfen, und seine tiefblauen Blüten ziehen Bienen geradezu magisch an. Auch Lavendel ist eine dankbare Pflanze. Den ordentlichsten Wuchs und die kräftigste Farbe hat *Lavandula angustifolia* ›Hidcote‹. Der Schopflavendel *Lavandula stoechas* besitzt einen interessanten Geruch, der an Eukalyptus erinnert, und hat ebenfalls reizvolle rosaviolette Blüten.

PFLANZGEFÄSSE IM GARTEN

O b in einem bescheidenen kleinen Vorstadthinterhof oder im Park eines Landgutes oder Schlosses – überall leisten Pflanzgefäße einen wertvollen Beitrag zur Gartengestaltung. Über Jahrhunderte hinweg verwendete man sie für formale Parterres und großartig angelegte Gärten, und heute spielen sie rund um das Einfamilienhaus eine ebenso wichtige Rolle wie in den früheren imposanten Anlagen.

Terrassen, Hinterhöfe und selbst Schwimmbecken wirken ohne Kübel und Töpfe mit Blumen oder duftenden Pflanzen nackt und trist. Gefäße sind ein schönes Mittel, um dem Auge einen Blickfang im Garten zu bieten, und teilweise können sie sogar in Blumenbeete einbezogen werden. Auch Wintergärten, die sich heute beinahe wieder ebenso großer Beliebtheit erfreuen wie in den 60er Jahren des letzten Jahrhunderts, schaffen vielfältige neue Möglichkeiten für einen modernen Topfgarten.

In diesem Kapitel will ich mich damit befassen, wie Pflanzgefäße in der Gartengestaltung verwendet werden können, um besondere Probleme zu lösen oder bestimmte Funktionen zu erfüllen. Auf Seite 108 und 109 findet sich darüber hinaus ein Abschnitt über Bonsais, jene Zwergbäume, die in Japan für den Garten gezogen werden.

LINKS Gefäße lenken im Garten die Blicke auf sich und lockern ebene Flächen optisch auf. Hier sollte ein üppiger Eindruck entstehen, und die Maßliebchen sind wie geschaffen für reizvolle, zwanglose Arrangements.

PFLANZGEFÄSSE OPTIMAL EINGESETZT

Selbst in großen konventionellen Gärten können Pflanzgefäße eine wichtige Bedeutung haben, etwa weil sie zusätzliche Ebenen schaffen und – beispielsweise – das Aufstellen duftender Pflanzen in Kopfhöhe ermöglichen oder durch ihre anmutige Form einen Blickfang im Garten entstehen lassen. Wie in einem Garten, der nur aus Pflanzgefäßen besteht, hängt der Erfolg auch hier von der Planung, der Auswahl der richtigen Gefäße und einer phantasievollen Bepflanzung, die Gefäße und Umgebung harmonisch ergänzt, ab.

Blumenbeete

Auch wenn zu einer interessanten Gartengestaltung wahrscheinlich Rabatten, Wege, Rasen und andere vertraute Elemente gehören, muß man in den Rabatten nicht alle Pflanzen im Boden wachsen lassen. Es gibt sogar mehrere Gründe, die dafür sprechen, Gefäße in eine Gartenrabatte einzubeziehen – als besonderer Effekt oder als Mosaiksteine eines größeren Arrangements.

Ein großer, dekorativer Kübel oder Topf kann so aufgestellt werden, daß er zum Mittelpunkt einer Rabatte wird und seine Bepflanzung die übrige ergänzt – etwa durch Verwendung einiger Arten, die auch in der Rabatte rundum wachsen. Oder man läßt einen fesselnden Kontrast entstehen und wählt für das Pflanzgefäß leuchtende Blumen, während in der Rabatte Laub und zarte Farben dominieren. Umgekehrt hebt sich in einer

Rabatte mit einer auffälligen Bepflanzung ein Gefäß gut ab, in dem eine immergrüne Pflanze mit dunklem Laub und klaren Formen wächst.

Töpfe können auch dort in Rabatten einbezogen werden, wo die Bedingungen für bestimmte Pflanzen sonst nicht gegeben wären, etwa weil sie den vorhandenen Boden nicht mögen (Seite 102) oder frostempfindlich sind und nur zeitweise aus dem Glashaus »ausgeliehen« werden können, sich aber dennoch großartig in die Umgebung einfügen. So ist beispielsweise die wunderschöne Blattpflanze *Melianthus major* für kältere Lagen einfach viel zu empfindlich, kann aber den Sommer über ins Freie gestellt werden, wo das üppige blaugrüne Laub einen atemberaubenden Kontrast zu rosa oder roten Rosen entstehen läßt.

Darüber hinaus gibt es vielleicht auch Pflanzen im Gewächshaus, die das geplante Arrangement einer Rabatte durch die Farbe ihrer Blätter oder Blüten perfekt ergänzen oder die nur in der Blüte schön wirken, die übrige Zeit aber lediglich Platz wegnehmen würden.

Wer beabsichtigt, Pflanzgefäße in Blumenbeeten direkt auf den Boden zu stellen, sollte wissen, daß dabei zwei Probleme auftreten können. Zum einen bietet der Untergrund dem Topf möglicherweise nicht genug Halt, so daß er einseitig einsinkt und vielleicht sogar umfällt, zum anderen können die Abzugslöcher im Laufe der Zeit mit Erde verstopfen, vor allem dort, wo Ameisen und Würmer am Werk sind. Es ist daher wichtig, Gefäße auf

eine feste, ebene Fläche zu stellen. Dabei sind Ziegelsteine ebenso nützlich wie eine einzelne Pflasterplatte.

Blickfänge und Aussichten

In der Gartengestaltung wird das Auge oft in bestimmte Richtungen gelenkt. Zum Beispiel wird eine räumliche Tiefe häufig mit Hilfe von Bäumen erzeugt, ähnlich wie bei einem von Pappeln gesäumten Weg. Eine vergleichbare Wirkung kann durch eine Doppelreihe von Sträuchern, zwei Hecken, eine Pergola oder Stützen für Kletterpflanzen erzielt werden. Selbst ein schmaler Durchgang zwischen zwei eng zusammenstehenden Gebäuden kann dafür dienen.

Diese Art der Gartengestaltung verleiht dem Garten zusätzlichen Reiz. Räumliche Tiefe, Durchblicke und gelenkte Aussichten erzeugen den Eindruck von Größe und Geräumigkeit. Sie »orchestrieren« den Garten, so daß er, aus verschiedenen Blickwinkeln betrachtet, immer

OBEN Zwischen alle den immergrünen Pflanzen sorgt ein Kübel mit rosaroten Verbenen den ganzen Sommer über für heitere Farbtupfer.

GEGENÜBER, LINKS Dieses Becken mit alpinen Pflanzen fügt sich harmonisch in die Gartengestaltung ein. Im Hintergrund eine goldblättrige Zypresse.

GEGENÜBER, RECHTS Eine Lücke im Laub wird hier durch einen Tontopf mit weißem Ziertabak geschlossen.

OBEN Die exakt geschnittene dunkle Hecke läßt einen großartigen Hintergrund für einen weißen Versailles-Kübel entstehen, der mit Fuchsien bepflanzt ist.

GEGENÜBER Dieses reich dekorierte Gefäß wird durch die schlichte Pflanzung aus silberblättrigem Ziest und weißen Impatiens harmonisch ergänzt.

wieder neue Aspekte eröffnet. In einem klug geplanten Garten werden sich einige Hecken, Schutzschirme oder andere Barrieren finden, die den Weg zu versperren scheinen, schaut man frontal auf sie, doch verlockende Wege einrahmen, blickt man an ihnen entlang. Verändern Sie ihre Position im Garten, und was eben noch eine Barriere war, lenkt Sie nun zu einem anderen Bereich.

An den Fluchtpunkten von gelenkten Aussichten muß sich stets ein Höhepunkt befinden, unabhängig davon, ob diese geradlinig oder im Zickzackmuster verlaufen. Betrachtet man eine Allee, so eilt das Auge unwillkürlich zum Ende, und man ist enttäuscht, wenn der Blick ins Leere führt. Fesselt dort jedoch ein Blickfang die Aufmerksamkeit, bleibt das Interesse wach oder wird sogar vielleicht erst geweckt.

Gibt es einen zentralen Punkt im Garten, von dem strahlenförmig Wege ausgehen, sieht man von außen aus allen Richtungen den gleichen Höhepunkt, schaut man jedoch von der Mitte nach außen, sollte sich auch am Ende jedes Pfades etwas befinden, das die Aufmerksamkeit auf sich lenkt. Es liegt nahe, daß das Objekt in der Mitte – als zentrales Element des gesamten Gartens – recht groß sein muß, doch auch jeder der außenliegenden Blickfänge sollte so reizvoll sein, daß die Entscheidung schwerfällt, welchen Weg man zuerst einschlägt.

In einem großen Garten kann als zentraler Höhepunkt beispielsweise eine imposante nackte Statue aufgestellt werden, in einem normalen Stadtgarten ist vielleicht ein großer Pflanzkübel die einzig mögliche Lösung – und alles, was man

OBEN In diesem Gartenbereich sind zwei in Spiralen-form geschnittene Bäumchen das Tüpfelchen auf dem i.

UNTEN Vor der dunklen Hecke zieht eine reich bepflanzte elegante Urne die Blicke auf sich.

braucht. Das Gefäß sollte dekorativ und auffällig sein, und sein Charakter sollte durch die Bepflanzung noch unterstrichen werden. Für die außenliegenden Blickfänge kann man in einem formalen Garten Gefäße benutzen, die alle gleich bepflanzt sind. In freier gestalteten Gärten lassen sich verschiedene Elemente verwenden. So können einige Wege bei Pflanzgefäßen enden, andere bei einem Strauch mit einer auffälligen Blütenpracht, einer kleinen Statue oder einem kleinen Sitzplatz.

Doch wie die Höhepunkte auch aussehen mögen, sie müssen immer so spektakulär sein, daß sie die Aufmerksamkeit auf sich lenken. Dabei ist nicht nur die Größe wichtig, sondern auch die Farbe und die Struktur. An einem dunklen Platz hebt sich eine helle Kalksteinurne, in der silbriges Laub und weiße Blüten wachsen, besser ab als ein Terrakottatopf mit tiefroten Pelargonien. Unter guten Lichtverhältnissen sind orange- oder tiefrote Pelargonien wiederum auffälliger als helle Nelken

GEGENÜBER, RECHTS Dieses Lorbeerbäumchen muß während des Winters ins Haus gebracht werden. Im Sommer wachsen zu seinen Füßen hübsche Anemonen.

LINKS Auf begrenztem Raum kann ein Kräutergarten auch auf einem mehrstöckigen Metallgestell Platz finden – eine durchaus erwägenswerte Lösung, da hier alle Pflanzen genügend Licht erhalten.

UNTEN Fast wie ein Altar wirkt dieses Arrangement aus Tontöpfen. Falls notwendig, kann diese ergötzliche Gruppe auch rasch an einen anderen Platz gesetzt werden.

oder Flieder, die möglicherweise recht blaß aussehen.

Füllelemente

Kleine Topfpflanzen sind aus einem Garten ebensowenig wegzudenken wie aus einem Haus, und ein Bord, ein Sims, eine niedrige Mauer oder ein Tisch im Freien sind für einen kleinen Topf so gut geeignet wie ein Fensterbrett im Haus. Dennoch unterscheiden sich die beiden Situationen in drei wichtigen Punkten.

Licht Im Freien sind die Lichtverhältnisse gewöhnlich besser, und deshalb kann dort eine größere Vielfalt an Pflanzen gezogen werden.

Wasser Da im Sommer Wasser draußen stets rascher verdunstet als im Haus, müssen Pflanzen in kleinen Töpfen dort häufiger gegossen werden, vor allem, wenn ihre Wurzelballen die Töpfe beinahe ausfüllen. So braucht eine 45 Zentimeter hohe, voll erblühte Pelargonie, die in einem 12 bis 18 Zentimeter großen Topf wächst, an einem heißen, trockenen Tag möglicherweise dreimal Wasser. Wo sehr viele kleine Töpfe im Freien stehen, ist man im Sommer daher unter Umständen lange Zeit mit Wässern beschäftigt.

Wind Kleine Gefäße kippen nicht nur leichter um, sondern rollen auch im Wind hin und her, bis sie zerbrochen und die Blätter der Pflanzen zerquetscht sind. Daher müssen kleine Töpfe draußen stets an einen geschützten Platz gestellt, festgebunden oder beschwert werden: Pflanzen mit niedrigem Wuchs, einem tiefliegenden Schwerpunkt oder geringem Windwiderstand leiden insgesamt seltener unter Windschäden.

Kleine Töpfe sind nicht nur als Tischschmuck oder zum Ausfüllen von Nischen nützlich, sondern können auch vor größere Gefäße gestellt werden, die sie verbergen helfen. Wenn man sie

geschickt plaziert, erhalten sie von ihnen sogar Schutz.

Wasserflächen

Wasser kann in jedem Garten eine wichtige Funktion einnehmen, da es ihm Tiefe gibt. Indem es die Sonnenstrahlen reflektiert, läßt es die Umgebung heller erscheinen, und durch die Spiegelung verleiht es dem Garten eine zusätzliche Dimension. Wenn das Becken innen nicht gerade scheußlich blau gestrichen ist, wie es so häufig bei Swimmingpools der Fall ist, wirkt Wasser friedvoll und beruhigend. Möglicherweise ist es nicht besonders aufregend, in ein Becken mit klarem Wasser zu schauen, doch eine verwirrte Seele kann dadurch für Stunden Ruhe finden, vor allem, wenn im Wasser hübsche Pflanzen, Fische, Frösche oder andere kleine Tiere leben, die beobachtet werden können.

OBEN LINKS   Den Sommer über wird dieses Wasserbecken von nicht winterharten Pflanzen geschmückt.

OBEN   Die umliegenden Bäume machen diese schattige Terrasse zu einem idealen Platz für Töpfe mit Farnen und anderen schattenliebenden Pflanzen.

GEGENÜBER   Durch den exakten Formschnitt des Baumes wirkt diese klassische Gartenanlage noch schöner.

Es scheint ganz natürlich, am Rand des Beckens Gefäße aufzustellen. Ein formal gestalteter Teich kann eckig oder auch rund sein, er wird meistens kahl oder hart wirken, wenn ihn nicht einige Töpfe schmücken. Wo neben dem Becken kein Erdreich vorhanden ist – vielleicht, weil es von Pflaster umgeben wird –, können mit Hilfe von Gefäßen Pflanzen direkt am Rand des Beckens wachsen und sich im Wasser spiegeln. Topfpflanzen sind auch nützlich, um andere bauliche Elemente im Garten zu verschönern wie etwa Sitzgelegenhei-

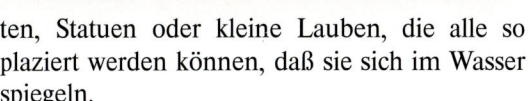

ten, Statuen oder kleine Lauben, die alle so plaziert werden können, daß sie sich im Wasser spiegeln.

Auch frei gestaltete Teiche gewinnen durch ein oder zwei Urnen in der Nähe. Bei einem großen Teich kann durch einen Steg oder eine Anlegestelle ein kleiner formaler Bereich entstehen, der mit Töpfen geschmückt wird. Selbst bei kleinen naturnahen Teichen, die eigentlich Tieren vorbehalten sind, kann das eine oder andere sorgfältig ausgewählte und bepflanzte Gefäß aufgestellt werden, ohne daß es störend wirken würde.

Terrassen und Lichthöfe

Ich muß von vornherein einräumen, daß ich das Wort »Lichthof« nicht mag. Es beschwört häufig in mir Bilder von bunten Betonplatten, geschmacklosen Sitzgarnituren und Hauseingängen mit gewaltigen Glasschiebetüren herauf, durch die Regen und Winterkälte ins Haus dringen. An

solchen Orten finden sich dann vielleicht auch etliche georgianische Urnen aus Kunststoff, in denen *Tagetes* und scharlachrote *Salvia* wachsen, oder sogar Gefäße, die mit Plastikblumen vollgestopft sind.

Dagegen beinhaltet das Wort »Terrasse« eine gewisse Großartigkeit und läßt an einen Ort denken, an dem Noël Coward einst vielleicht in einem seidenen Morgenrock wandelte, während er, eine Kaffeetasse in der Hand, voll Verachtung die Geranien seiner Gastgeberin betrachtete. Diese Terrasse hätte zweifellos einen Belag aus echtem Stein und wäre vielleicht mit einer Bleiwanne aus dem 18. Jahrhundert mit einem Delphin-Basrelief geschmückt. Möglicherweise stünden dort auch einige antike Terrakottagefäße mit einem Dekor aus Rosengirlanden. Die wenigen, verstreut plazierten Sitzgelegenheiten wären aus Hartholz und in chinesischem oder indischem Stil gestaltet. Und dann gäbe es da vielleicht noch ein paar Töpfe mit Geranien oder Tulpen, doch insgesamt wären die

Pflanzungen eher karg und die Farben strikt begrenzt.

Beide Bilder sind natürlich überzogen, und vielleicht ärgern Sie sich sogar über meine herablassende Darstellungsweise. In diesem Fall erinnern Sie sich bitte an meine Bemerkungen im Kapitel über Gestaltung – man sollte in seinem Garten immer das pflanzen, was einem selbst gefällt, nicht, was die Mode oder der Geschmack anderer diktiert. Das Nachfolgende sollten Sie deshalb auch einfach als Anregungen betrachten, denen meine eigenen Erfahrungen und Vorurteile zugrunde liegen.

Trotz der geübten Kritik, muß man sich bei der Gestaltung moderner Lichthöfe nicht auf gedämpfte Farben beschränken. Ein sehr viel schö-

neres Bild entsteht, wenn man Laub in vielfältigen Farben, Formen und Strukturen sowie charakteristische Pflanzen aussucht. Eine originelle Wahl lohnt sich immer. Funkien eignen sich beispielsweise wunderbar als Topfpflanzen für Lichthöfe, da sich ihre Blätter über die Ränder der Gefäße neigen. Zu ihnen und anderen Blütenpflanzen passen ausgezeichnet verschiedene Grasarten wie etwa *Hakonechloa macra* ›Aureola‹, insbesondere, wenn sie in Schalen wachsen.

Bei der Gestaltung moderner Lichthöfe ist es nicht notwendig, besondere Regeln hinsichtlich der Auswahl von Töpfen zu beachten. Tatsächlich ist es ratsamer, für jede Pflanze genau den passenden Topf auszusuchen. Breite, flache Gefäße sind für sich ausbreitende Pflanzen geeignet, auch

OBEN Im Sommer wachsen in den Töpfen dieses formal gestalteten Gartenbereichs neben anderen Blumen herrlich bunte Petunien. In jedem Topf befindet sich jedoch nur eine Blütenfarbe.

RECHTS Der Sitzbereich zwischen Rabatte und Wasserbecken wird im Sommer durch einen gestutzten Lorbeerbaum und Petunien verschönt. Doch obwohl der weiße Topf gut zu den Metallmöbeln paßt, würde Ton hier harmonischer wirken.

GEGENÜBER Kübel, in denen frostharte Pflanzen wachsen, sind im Winter schöne Blickfänge und sorgen dafür, daß der Garten nicht langweilig wirkt. Während des Sommers können dazwischengesetzte kleine Töpfe mit blühenden Pflanzen dem dunklen Grün eine heiterere Note verleihen.

wenn sie einen Meter Durchmesser haben, Hängepflanzen können gut in hohen Gefäßen und selbst in Kaminaufsätzen wachsen, und Gruppen aus scheinbar willkürlich plazierten kleinen Töpfen schmücken die Arrangements aus.

Bei älteren Häusern müssen die Pflanzgefäße erheblich sorgfältiger ausgesucht werden. Sehr moderne Töpfe wirken in den meisten Fällen deplaziert, und altmodische Gefäße haben gewöhnlich sehr konventionelle Formen und Dekors. Für die Bepflanzung steht jedoch eine große Auswahl an Arten und Sorten zur Verfügung. Möglicherweise haben einige moderne Rosenhybriden oder Dahlien zu kräftige Farben für eine solch gediegene Atmosphäre, denn die Farben des Hauses sollten mit berücksichtigt werden, aber selbst wenn man diese Einschränkungen respektiert, bleibt die Auswahl unerschöpflich.

Einige Pelargonienarten sind aufgrund ihrer zarten Färbung für alte Häuser besonders gut geeignet und haben darüber hinaus auch noch duftendes Laub. Bestimmte Pflanzen harmonieren perfekt mit einem Hintergrund aus alten Ziegeln, während andere vor Stein besser zur Geltung kommen. Der Heliotrop mit seinen dunkelvioletten Blüten und seinem intensiven Duft paßt dagegen eigentlich an jeden Ort. Und Pflanzen mit silbernem Laub – vor allem *Helichrysum, Senecio bicolor* ssp. *cineraria, Senecio leucostachys, Artemisia* und Lavendel – können überall sinnvoll eingesetzt werden und zur Verschönerung beitragen.

Fuchsien, insbesondere Formen mit zarten Blütenfarben, sind aufgrund ihrer langen Blütezeit ausgezeichnet für Hintergrundpflanzungen geeignet. Meist blühen die älteren, kleinblütigeren Fuchsiensorten besonders üppig und sind auch sehr viel leichter in Arrangements einzubeziehen als einige der großblumigen modernen Hybriden.

Küchengärten

In einem hübsch gestalteten Gemüsegarten können zahlreiche Töpfe mit farbenfrohen Gemüsen und Kräutern stehen. Unter rein praktischen Gesichtspunkten betrachtet, entspricht der notwendige Pflegeaufwand möglicherweise nicht dem

Nutzen, doch bevor man ganz von der Idee abläßt, sollte man sich daran erinnern, daß Töpfe sehr hilfreich sein können, wenn man frostempfindliche Pflanzen anbauen will.

Tomaten, Paprika, Auberginen und Chillies können unter Glas vorgezogen und nach draußen gebracht werden, wenn keine Frostgefahr mehr besteht. Auf diese Weise tragen die Pflanzen früher Früchte, als wenn sie sofort ins Freie gesetzt würden. Ähnlich lassen sich empfindliche Kräuter wie Basilikum kultivieren, indem man sie gegen Ende des Winters unter Glas sät und die Gefäße im Spätfrühjahr, sobald es keinen Frost mehr gibt, nach draußen setzt.

Wer Zierpflanzen in den Küchengarten einbeziehen, aber verhindern will, daß sie mit ihren Farben den Gemüsen zu große Konkurrenz machen, kann beispielsweise Pflanzgefäße mit bunten Einjahresblumen oder Beetpflanzen füllen und sie zwischen die Gemüse setzen. *Tagetes* vertreiben im übrigen die Weiße Fliege, doch damit sie tatsächlich wirksam ist, müssen ihre Wurzeln Kontakt mit den gefährdeten Pflanzen haben (siehe Seite 138). Über die Eignung von Erdbeeren für Pflanzgefäße wurde bereits auf Seite 86 gesprochen, doch sollte noch einmal erwähnt werden, daß sie überall im Garten dekorative Topfpflanzen sind.

OBEN   Die Töpfe dieser Tomaten haben einen ganz praktischen Nutzen: Sie machen es möglich, die Pflanzen in einer Spezialerde zu ziehen. Die Kapuzinerkresse dient hingegen nur als Schmuck.

UNTEN   Hier wurde eine schmale Rabatte durch drei Töpfe verlängert, in denen Strohblumen und Petunien wachsen. Sie bilden ein zartes Gegengewicht zu den dunkleren Grüntönen.

OBEN LINKS   Dieser Gemüsegarten sieht nicht nur schön aus, sondern ist auch sehr nützlich. Der stilvolle Topf in der Mitte beheimatet eine Kürbispflanze.

BESONDERE PROBLEME

Neben dem offensichtlichen dekorativen Nutzen für die Gestaltung gibt es noch eine Reihe anderer, praktischer Gründe, die für die Verwendung von Pflanzgefäßen im Garten sprechen, und fast mit Gewißheit waren es solche praktischen Gründe, die Gärtner erstmals dazu veranlaßten, Töpfe zu bepflanzen. Auch bei den Hochbeeten mittelalterlicher Heilkräutergärten, die aus Holzbrettern und mit Mist angereicherter Erde bestanden, handelte es sich eigentlich um spezielle Pflanzgefäße. Hier konnte jedes Beet eine besondere Pflege erhalten, um den Bedürfnissen bestimmter Pflanzen gerecht zu werden.

Selbst im heutigen Garten können wir, trotz aller Technologie, immer noch wenig tun, um die chemische Zusammensetzung unseres Bodens zu verändern. Natürlich läßt sich die Struktur mit Kompost und Mulch verbessern oder die Fruchtbarkeit mit Mist und Dünger erhöhen. Es ist sogar möglich, den Säurewert mit Hilfe von Kalk oder Schwefelblüte etwas zu regulieren (siehe Seite 123), doch ungeachtet dessen, was wir an der Oberfläche tun, reichen Wurzeln oft tief ins Erdreich hinab, und wenn die unteren Bodenschichten nicht ihren Ansprüchen genügen, werden die Pflanzen krank und gehen ein. In Topfgärten kann man dieses Problem glücklicherweise dadurch umgehen, daß man das richtige Substrat verwendet.

Kalkflieher

Sogenannte kalkfliehende Pflanzen vertragen keinen alkalischen oder kalkreichen Boden. (Näheres zu pH-Wert, Kalk und Säuregehalt finden Sie auf Seite 123.) Viele Leute beklagen sich, daß ihr Boden zu alkalisch ist, doch seit es Tausende von Pflanzen gibt, die in kalkhaltigem Boden großartig gedeihen, ist das nur schwer zu verstehen. Natürlich spielt hier ein gewisser gärtnerischer Snobismus eine Rolle und die Tatsache, daß viele schöne Pflanzen leider nur auf sauren Böden heimisch sind.

Rhododendren beispielsweise brauchen sauren Boden. Auch wenn etliche nach meinem Empfinden schrecklich düsteres Laub, unnatürlich leuchtende Blüten und darüber hinaus giftigen Nektar haben, scheinen sie dennoch bei vielen Gärtnern

ganz oben auf der Wunschliste zu stehen. Der Boden muß auch für zahlreiche Lilien, den großartigen Himalayamohn, Kamelien, viele Erikaarten und Pflanzen aus Wald oder Gebirge wie Dreiblatt oder Herbst-Enzian sauer sein. Daneben gibt es noch eine Reihe von Grenzfällen, in denen die Pflanzen zwar in neutralem Boden zufrieden gedeihen, nicht aber in alkalischer Erde wie etwa Vertreter der Gattungen *Pieris, Fothergilla, Smilacina, Nerine* und andere. Was kann man tun, wenn man diese Schönheiten ziehen möchte, aber der Boden im Garten stark alkalisch ist? In einigen Fällen lautet die schlichte Antwort: Pflanzgefäße verwenden.

Gefäße können mit unterschiedlichen Substraten gefüllt werden, die den Bedürfnissen der in ihnen wachsenden Pflanzen gerecht werden. So ist es selbst in einem Garten, in dem der kalkhaltige Untergrund nur von einer dünnen Schicht Erde bedeckt wird, möglich, sich im Sommer an Prachtlilien zu freuen oder zu Frühjahrsbeginn Kamelienblüten zu pflücken. Doch auch wenn dies recht einfach und unkompliziert klingt, müssen dennoch einige wichtige Punkte berücksichtigt werden, um einen dauerhaften Erfolg sicherzustellen.

Allgemeine Eignung Viele Kalkflieher – insbesondere die zahllosen Arten, die aus dem westli-

OBEN Kalkflieher wie diese Azalee können in Gefäße mit kalkfreiem Substrat gepflanzt werden.

GEGENÜBER In frostfreien Gegenden kann Cyclamen persicum *im Winter für Farbe und Duft sorgen.*

chen Himalaya stammen – brauchen nicht nur sauren Boden, sondern mögen es auch kühl und feucht. Pflanzen wie *Primula whitei* oder die wunderschöne rosablühende *Shortia* werden selbst in saurem Boden nicht überleben, wenn sie an einem warmen, trockenen Platz stehen.

Ausdehnung Obwohl eine Drainage lebensnotwendig ist, können durch den direkten Kontakt mit der umliegenden Erde Probleme entstehen. Wenn ein Wurzelballen größer wird und den Topf ausfüllt, wird auch ein Kalkflieher seine Wurzeln in das natürliche Erdreich unter dem Gefäß schieben. Dieses selbstmörderische Verhalten führt dazu, daß die Pflanze zuviel Kalziumionen aufnimmt, Chlorose entwickelt (die Blätter werden blaß) und schließlich vielleicht sogar eingeht. Hier kann es helfen, das Gefäß auf Ziegelsteine zu stellen.

Wasser In Gebieten mit Kalkboden ist das Leitungswasser meist »hart«, das heißt alkalisch. Daher wird die Erde von Kalkfliehern, die mit Leitungswasser gegossen werden, bald alkalisch, und die Pflanzen beginnen zu kränkeln. Für Kalkflieher muß deshalb Regenwasser verwendet werden (Neutralisierung kleiner Mengen kalkhaltigen Pflanzsubstrats siehe Seite 123).

Kalkliebende Pflanzen

Einige Gärtner sehen sich mit dem gegenteiligen Problem konfrontiert. Ihr Boden ist so sauer, daß hier kalkliebende Pflanzen nicht gedeihen. So bevorzugen die meisten Gemüse und insbesondere Kohl, Rüben, Erbsen und Bohnen kalkhaltigen Boden. Auch Nelken, Rittersporn und eine große Zahl von alpinen Pflanzen können nur auf alkalischem Boden wachsen, und auch alle Klematisarten ziehen diese Bedingungen vor. Wenn man daher im Garten sauren Sandboden oder torfigen Lehm hat, sollte man eventuell für einige Pflanzen Gefäße mit kalkhaltigem Pflanzsubstrat aufstellen.

Schwierige Standorte

Wie schon mehrfach in diesem Buch festgestellt wurde, haben überall dort, wo die Pflanzbedingungen nicht ideal sind, Töpfe gegenüber dem Freiland gewisse Vorteile. Dies gilt insbesondere für exponierte Standorte, zum Beispiel an Stellen wo es mitunter unmöglich ist, einen ausreichenden Windschutz zu etablieren. Wenn man hier jedoch bereits gut wachsende Topfpflanzen auf der dem Wind zugewandten Seite aufstellt, kann man dadurch eventuell junge Pflanzen, die im Boden wachsen, abschirmen, damit sie sich kräftiger entwickeln und rascher einen dauerhaften Schutz bilden können. Möglicherweise nehmen die Topfpflanzen Schaden, während sie der jungen Dauerpflanzung Schutz gewähren, aber vielleicht sollte man das in Kauf nehmen und sich zunächst einmal nicht davon abhalten lassen, dies auszuprobieren.

Herrschen besonders unwirtliche Bedingungen, dann muß man von vornherein einkalkulieren, daß die Topfpflanzen nur eine befristete Zeit leben. Wenn sie nicht mehr schön sind, werden sie einfach durch neue ersetzt. Bei schlechten Lichtverhältnissen kann man mit Hilfe eines Rotationssystems dafür sorgen, daß keine Pflanze länger als zwei Wochen dunkel steht und sich dann ebenso lange an einem hellen Platz wieder erholen kann. Auf diese Weise können Pflanzen an für sie eigentlich ungeeigneten Standorten lange Zeit wachsen, ohne Schaden zu nehmen.

OBEN   Da dieser Kübel zwei Griffe besitzt, läßt sich der Feigenbaum leicht umstellen. Er kann sich dann an einem anderen Platz wieder erholen, nachdem er eine Zeitlang unter diesen schlechten Bedingungen ausgeharrt hat.

GEGENÜBER, OBEN   An dunklen Plätzen kommen helle Farben oft besser zur Geltung als leuchtende Töne. Hier lassen weißbunter Efeu und weiße Impatiens *ein wunderbar harmonisches Bild entstehen.*

GEGENÜBER, UNTEN   Jungpflanzen und empfindlichen Arten kommt es oft zugute, wenn man sie zeitweilig mit umgedrehten Gläsern vor Kälte und andauernden Regenfällen schützt.

Abdeckungen und Tunnel

Man könnte Abdeckungen und Tunnel auch als »umgedrehte Töpfe« betrachten, und somit verdienen sie an dieser Stelle einer Erwähnung. Wie Pflanzgefäße lassen sie ein Mikroklima entstehen, das bei der Lösung besonderer Probleme helfen kann. Bei Gemüsekulturen sind Tunnel ein vertrauter Anblick, aber nur wenige Gärtner nutzen sie auch für Zierpflanzen. Im Topfgarten gibt es drei Gründe dafür, Tunnel oder andere Abdeckungen zu verwenden.

Schutz vor starkem Regen   Bei bestimmten Pflanzen kann durch eine Abdeckung wenigstens der schlimmste Schaden verhindert werden, wie beispielsweise bei alpinen Primeln, die zwar einerseits große Wärme nicht mögen, andererseits aber in einem nassen Winter faulen können. Der Schutz eines Tunnels während der größten Nässe kann sie möglicherweise auch vor Botrytis bewahren. Einige Pflanzen mit silbernem Laub leiden zwar nicht unter Frost, wohl aber unter nassem Winterwetter, so daß auch sie von einem vorübergehenden Schutz profitieren können.

Luftfeuchtigkeit   Obgleich es vielleicht als ein Widerspruch zum ersten Punkt erscheint – ein Tunnel kann unter bestimmten Umständen für die erforderliche Luftfeuchtigkeit sorgen, vor allem dann, wenn die Erde stets feucht gehalten wird. Insektenfressende Pflanzen wie Sonnentau *(Drosera)*, Schlauchpflanze *(Sarracenia)* und Venusfliegenfalle *(Dionaea muscipula)* profitieren von der hohen Luftfeuchtigkeit, die ein Tunnel gewährleistet. Sie müssen darüber hinaus in Torf oder Torfmoos, vorzugsweise Sphagnum, wachsen und brauchen ständig nassen Boden.

Wärme   Ein Tunnel sorgt aus zwei Gründen für Wärme: Erstens wirkt er wie ein kleines Gewächshaus, dessen Luft sich in der Sonne stärker erwärmt als die seiner Umgebung, und zweitens läßt er den Boden warm und trocken werden, da er Regen abhält. Beide Eigenschaften beschleunigen das Pflanzenwachstum und sorgen dafür, daß sich beispielsweise Blüten, Erdbeeren oder Salat sehr früh oder sehr schnell entwickeln.

Ein großer Nachteil von Tunneln und anderen Abdeckungen ist es, daß sie selten hübsch aussehen.

Hin und wieder findet man ein reizvolles altes Stück mit einem Rahmen und einem Henkel oder runde Glocken, die äußerst dekorativ aussehen. Ebenso nützlich und hübsch sind antike Treibglocken für Rhabarber oder Meerkohl, die darüber hinaus nostalgische Erinnerungen an alte Küchengärten und jene Tage wecken, in denen man noch für einen Hungerlohn hundert Stunden pro Woche arbeitete. Ihre modernen Nachfolger aus Kunststoff, Draht oder Metall können mit ihnen leider nicht konkurrieren.

Eigentlich fragt man sich, warum heute keine dekorativen Tunnel und anderen Abdeckungen hergestellt werden. Vielleicht kommen sie wie-

OBEN   Mit diesen winzigen Glasglocken kann man Pflanzen bei extremen Temperaturen abdecken. Sie sehen natürlich besonders hübsch aus, doch auch umgedrehte Marmeladengläser, abgeschnittene Kunststoffflaschen und sogar Plastiktüten können zarte Pflanzen warm halten und vor starken Regenfällen schützen.

GEGENÜBER   Es gibt mehrere Gründe, warum ein Gärtner verschiedene durchsichtige Abdeckungen für seine Pflanzen haben sollte: Sie beschleunigen die Keimung, halten alpine Pflanzen während Regenperioden trocken und schützen Winterblüten vor Witterungsschäden. Diese Glasglocke hat eine traditionelle Form.

der auf den Markt, wenn sich die heutige Tendenz, einen Garten mit oder ohne Pflanzgefäßen im Stil des 19. Jahrhunderts zu gestalten, weiter verstärkt.

BONSAIS

Das Gestalten von Bonsais ist eine alte Kunst, die in China entstand, wo man sie *pen-jing* nannte, und später von den Japanern übernommen und abgewandelt wurde. Wie vieles in der japanischen Gartenkultur besteht sie darin, durch ein naturwidriges Verfahren eine natürliche Erscheinung zu erzeugen. Der Begriff »Bonsai« bedeutet »Pflanze in einer Schale« und wird für Gehölze benutzt, die in ihrer Entwicklung so eingeschränkt wurden, daß sie höchstens eine Größe von 60 Zentimetern erreichen.

Anders als im Westen allgemein geglaubt wird, sind Bonsais eigentlich keine Zimmerpflanzen. In Japan werden sie im Freien gehalten und nur zu besonderen Anlässen für einige Tage ins Haus geholt. Sie eignen sich ausgezeichnet für die Freilandkultur, und sofern die Winter nicht zu hart sind, können sie ohne besonderen Schutz über-

leben. Sollte es jedoch starke Fröste geben, werden sie besser in einen kalten Kasten oder ein ungeheiztes Gewächshaus gestellt, und sei es nur, um die Keramikschalen zu schützen, in denen die Bäume wachsen.

Bonsai-Bäume verwendet man wie alle anderen kleinen Topfpflanzen. Sie können sowohl auf Tische als auch auf den Boden gestellt werden. Sie sind für jeden Garten ein Gewinn, man muß aber berücksichtigen, daß sie nur eine schöne Seite haben, da sie dazu gedacht sind, ausschließlich von einer Seite betrachtet zu werden.

Es gibt verschiedene typische Bonsai-Formen, die Grundidee ist jedoch, Zwergbäume entstehen zu lassen, die alt und knorrig wirken. Diese verschiedenen Formen tragen in Japan besondere Namen wie *chokkan,* der für einen stattlichen aufrechten Baum steht; ein *shakan* ist ein Baum mit einem schiefen Stamm, und ein *kengai* ist ein Baum, der sich über seine Schale neigt, so wie ein Baum in freier Natur vielleicht über einer Felswand hängen würde. Einzelne Bonsai-Bäume werden *ippon-ue* genannt, Gruppen *yoseue* und ein Baum, dessen Wurzeln über ein Stück Bimsstein wachsen, *ishizuke*.

Bonsai-Bäume werden alt und mit jedem Jahr wertvoller. In Japan gelten sie als Familienerbstücke, und im Westen zahlt man für sie mittlerweile schwindelerregend hohe Preise. Wer alte Pflanzen kaufen möchte, muß eine hübsche Summe anlegen, wer andererseits selbst einen Bonsai ziehen will, muß anstelle von Geld Zeit investieren.

Die Zahl der Pflanzen, die sich auf diese Weise formen lassen, ist groß. Die Japaner verwenden seit alters her Wacholder, *Cryptomeria japonica*, *Acer palmatum*, *Choenomeles japonica*, Weißdornarten und viele andere. Darüber hinaus bieten sich *Metasequoia glyptostroboides* wie auch verschiedene Kirscharten und die wunderschöne, duftende Japanische Aprikose *Prunus mume* für die Bonsai-Kultur an.

Bonsai-ähnliche Pflanzen

Bestimmte Pflanzen verhalten sich fast wie Bonsais, ohne jedoch deren aufwendige Pflege zu benötigen. Sie wirken natürlicher und sind meist ganz einfach zu ziehen.

Die immergrüne Stechpalme *Ilex crenata* hat winzige, glänzende Blätter und kleine schwarze oder weiße Früchte. In einem Pflanzgefäß bleibt sie über Jahrzehnte hinweg klein und stämmig.

Auch verschiedene Weidenarten, insbesondere *Salix helvetica*, eignen sich sehr gut für Töpfe, da sie klein sind und ordentlich wachsen. *Salix helvetica* gehört zu den wenigen silberblättrigen Pflanzen, die kühlen, feuchten Schatten lieben, und *Salix arbuscula* kann so erzogen werden, daß sie einen kurzen Stamm und einen anmutig kriechenden Wuchs entwickelt. Die Weidenart *Salix repens* lohnt sich dagegen wegen ihrer spitzenartigen Kätzchen, die wie winzige silberne Lichter aussehen, auch wenn die Zweige weich und etwas unordentlich erscheinen.

OBEN Diese kleine Bonsai-Kiefer wächst in einem besonders hübschen Gefäß. Ihre Form hat sie durch fachkundigen Schnitt und Gestaltung mit Spezialdrähten erhalten. Um die Zwergform zu bewahren, sollte am besten jährlich, spätestens aber jedes dritte Jahr ein Wurzelschnitt durchgeführt werden. Dennoch ist eine Düngung notwendig, wenn der Baum gut gedeihen soll. Der Standort eines Baumes wird stets durch seine Wuchsform bestimmt.

GEGENÜBER Bonsai-Bäume sind reizende Topfpflanzen, die im Freien auf Tische oder Simse gestellt werden können. Es bedarf jedoch vieler Jahre sorgfältiger Pflege, bis sich ein so schöner Bonsai wie diese Zypresse entwickelt hat. Beachtenswert sind ihr knorriger, gedrehter Stamm, die schöne Anordnung der Zweige und die Größe der Blätter – alles steht in vollkommener Harmonie miteinander.

WINTERGÄRTEN

Der Wintergarten spielt in einem Garten, in dem es Pflanzgefäße gibt, eine wichtige Rolle, denn er kann während der kalten Jahreszeit ein hübscher Hort für die empfindlichsten Kübelpflanzen sein und die Kluft zwischen drinnen und draußen überbrücken helfen. Und besonderes Vergnügen bereitet es, sich im Frühjahr und Herbst oder selbst an einem milden Wintertag bei geöffneten Türen in den Wintergarten zu setzen.

Dieser Eindruck der Kontinuität im Garten läßt sich dadurch noch betonen, daß sowohl drinnen als auch draußen Pflanzgefäße aufgestellt werden. Auf einer kleinen Terrasse vor den Außentüren könnten in Kübeln wachsende Zitrusbäume, exakt geschnittene Myrten oder Lorbeer Platz finden, die den Sommer im Freien verbringen, aber im Haus überwintern. Diese Verbindung kann durch frostempfindliche Blütenpflanzen in Urnen und Töpfen oder durch Solitärpflanzen, die man drinnen und draußen scheinbar willkürlich plaziert, noch verstärkt werden.

Beim Überwintern von empfindlichen Topfpflanzen im Wintergarten kann allerdings das Problem auftauchen, daß nicht mehr genügend Platz zum Sitzen bleibt. Eine mögliche Alternative wäre, speziell zum Überwintern ein Gewächshaus zu errichten (siehe Seite 137).

Obwohl Gewächshäuser seit dem 17. Jahrhundert bekannt sind, entstand der Wintergarten erst im 19. Jahrhundert. So baute beispielsweise Joseph Paxton einen riesigen Wintergarten beim Chatsworth House in Derbyshire, und für die Weltausstellung im Jahre 1851 entwarf er den Crystal Palace. Es war jedoch John Claudius Loudon, der in der ersten Hälfte des 19. Jahrhunderts eine Eisenkonstruktion erfand, die einerseits stabil genug war, um erhebliches Gewicht zu tragen, andererseits aber so leicht und schmal, daß mit ihrer Hilfe große Dachflächen geschaffen werden konnten, die weitgehend aus Glas bestanden und daher viel Licht durchließen.

RECHTS OBEN   Die Passionsblume Passiflora caerulea ist eine herrliche Kletterpflanze für Wintergärten.

RECHTS UNTEN   In diesem Wintergarten spendet eine reizvolle, gelbblühende Schönmalve Schatten.

GEGENÜBER   Unter Glas entwickeln sich Pelargonien üppig und blühen prächtig.

Der Wintergarten eignete sich perfekt dafür, exotische Kuriositäten zu sammeln, was im 19. Jahrhundert groß in Mode war. Nachdem er sich eine Zeitlang großer Beliebtheit erfreut hatte, sank sein Stern wieder, doch seit kurzem erlebt er eine Renaissance. Durch die Einführung von flexiblen Kunststoffprofilen und leichten Aluminiumrahmen ist der Markt von Nachbildungen alter Modelle überflutet worden. Mit einer zunehmenden Zahl an phantasievollen Verzierungen klettern die Preise jedes Jahr ein wenig höher, doch nur die wenigsten Wintergärten, die heute als Bausätze angeboten werden, werden tatsächlich den Bedürfnissen der Pflanzen gerecht. Ihre größte Schwäche ist, daß sie oft nur wenige Dachklappen und mitunter keinerlei Seitenfenster besitzen und daher keine ausreichende Belüftung haben.

Wenn in einem Wintergarten Pflanzen wachsen sollen, müssen die folgenden Punkte berücksichtigt werden.

Lüftung   Es sollte eine durchgehende Reihe von Dachklappen, am besten mit einer Öffnungsautomatik, vorhanden sein, damit auch ohne Schattierung ein zu starkes Ansteigen der Temperatur vermieden werden kann.

Ventilatoren sollte man in Bodennähe und so

OBEN   Rittersterne (Hippeastrum aulicum) *können in einem Glashaus vorgezogen und in den Wintergarten gebracht werden, sobald sie zu blühen beginnen.*

GEGENÜBER   Ein Wintergarten kann wie ein richtiger Garten mit einladenden Wegen angelegt werden.

anbringen, daß die Luft frei zirkuliert, aber keine kalte Zugluft entsteht.

Türen   Wichtig sind breite Türen, am besten mit zwei Flügeln. Auf jeden Fall müssen auch große Pflanzen in unhandlichen Kübeln in den Wintergarten gebracht werden können, ohne daß Pflanzen, Gärtner und Türen Schaden nehmen.

Ausstattung   Kostbare Teppiche, schicke Wandbehänge und Elektroinstallationen für Innenräume sind in einem richtigen Wintergarten fehl am Platz, da man hin und wieder alle Flächen mit einem Schlauch abspritzen muß.

Wenn man in der Lage ist, in einem Wintergarten die Grundbedingungen für die Pflanzen herzustellen, ohne daß er seinen Reiz als Sitzbereich verliert, kann er zum Mittelpunkt des Gartens werden, der von innen ebenso reizvoll ist wie von außen und sich bei jedem Wetter nutzen läßt.

JAHRESZEITLICHE EFFEKTE

In jedem Garten gibt es Zeiten, in denen er eher trist wirkt. So kann er, wenn die Pflanzungen im wesentlichen aus Sträuchern bestehen, beispielsweise im Spätwinter oder Hochsommer etwas farblos wirken, denn nur wenige werden noch blühen, wenn die Mitte des Sommers überschritten ist, und zu Winterende beginnen selbst die hübschesten Immergrüne langweilig auszusehen. Auch aus Staudenrabatten werden im Winter oft trostlose Flächen, und wenn man die Pflanzen im Herbst zurückschneidet, liegt der Boden öde und nackt da.

Ein Gegenmittel gegen diese Trostlosigkeit sind Pflanzgefäße, die vorübergehend aufgestellt werden. Trotzdem sollte man keine unrealistischen Erwartungen haben, denn in manchen Jahreszeiten sieht der Garten naturgemäß freundlicher aus.

Frühjahr

In dieser Jahreszeit sind die schönsten Lückenbüßer Zwiebelblumen, die man bereits blühend oder als Zwiebeln kaufen kann. Sie lassen sich in jedem Entwicklungsstadium relativ leicht umsetzen, und einmal gepflanzt, benötigen sie nur noch wenig Aufmerksamkeit. Wenn also der Platz, an dem sie blühen sollen, erst Ende des Winters zur Verfügung steht – vielleicht, weil dort vorher etwas anderes wächst –, kann man sie vorziehen, um sie dann später an ihren endgültigen Platz zu pflanzen.

GEGENÜBER   An problematischen Standorten, wie etwa unter dunklen Bäumen, können für begrenzte Zeit farbenfrohe Topfpflanzen aufgestellt werden. Auf längere Sicht würden hier Pelargonien nicht gedeihen, einige Wochen kann man sich aber an ihnen freuen.

UNTEN   Um den Garten im Frühjahr mit bunten Farben zu beleben, eignet sich nichts besser als Zwiebelblumen wie etwa diese Tulpen- und Zierlaucharten. Ebenso hübsch sehen Narzissen, Krokusse oder Hyazinthen aus.

Besonders gut eignen sich dafür Hyazinthen und Zwergtulpen, die man im Herbst in Saatschalen – oder dekorative Gefäße – mit feuchtem Torf setzen kann. Später pflanzt man sie dann einfach um oder verstellt die Gefäße.

Obwohl Zwiebelblumen viele Jahre in einem Gefäß wachsen können, wenn man sie tief genug pflanzt, muß man, wo man einen dichten Blütenflor entstehen lassen will, anders vorgehen. Narzissen und Tulpen können so eng zusammengepflanzt werden, daß sich die Zwiebeln beinahe berühren. Wahrscheinlich wirkt ein solches Arrangement nicht sehr natürlich, aber es läßt einen dicken Farbklecks entstehen. Auch Zwiebelblumen, die für den Schnitt vorgesehen sind, kann man dicht pflanzen. Aber Vorsicht: In späteren Jahren würden solche Zwiebeln unweigerlich erkranken. Deshalb sollte man sie wie Einjahresblumen behandeln und nach der Blüte wegwerfen oder aber an einen anderen Platz im Garten pflanzen.

Im Freien gezogene Frühjahrs-Beetpflanzen können noch erstaunlich spät versetzt werden. Eine Ausnahme bildet der Goldlack, der meist eingeht, wenn man ihn nicht bereits im Spätherbst an seinen endgültigen Platz pflanzt. Primeln, Vergißmeinnicht und vor allem Stiefmütterchen und Veilchen lassen sich aber selbst nach Beginn der Blüte noch problemlos versetzen.

Sommer

Dieses Buch beschäftigte sich vor allem mit Sommerarrangements, und auf beinahe jeder Seite finden sich Ideen für harmonische Gruppierungen von Pflanzgefäßen, aber es gibt noch eine weitere Möglichkeit, vielleicht zu einem besonderen Anlaß, während der Wachstumsperiode einen spektakulären Höhepunkt zu schaffen. Auf Blumenschauen sind die attraktivsten Ausstellungsstücke meist diejenigen, die nur wenige Tage schön aussehen müssen. Bei geschickter Verwendung von Füllmaterial, Moos und verschiedenen Topfgrößen können die Gefäße vollkommen versteckt werden, um einen ganz natürlichen Eindruck entstehen zu lassen. In kleinerem Maßstab könnten solche Arrangements Mittelpunkt einer Gartenparty sein, und sie halten erstaunlich lange, wenn Pflanzen, die nicht mehr ganz so schön aussehen, entfernt oder ersetzt werden.

GEGENÜBER Viburnum tinus *hat immergrünes Laub und langlebige Winterblüten.*

UNTEN Phacelia campanularia *ist ein reizender Tischschmuck.*

Winter

Kurzfristige Maßnahmen tragen wenig dazu bei, den Winter zu verschönern, denn man kann bestenfalls blühende Pflanzen kaufen und hoffen, daß sie eine Weile im Freien überleben. Ich habe schon mitten im Winter in der Stadt Fensterkästen gesehen, in denen empfindliche Pflanzen wie *Cineraria, Solanum capsicastrum* und Frauenhaarfarn wuchsen. Mit etwas Glück können sie sogar im lokalen Mikroklima einige Wochen durchhalten. Die ständige Anschaffung von Ersatzpflanzen kommt jedoch auf Dauer teuer. Daher ist es besser und gewiß billiger, für das gesamte Jahr zu planen und von vornherein in die Arrangements winterblühende Pflanzen einzubeziehen, die entweder in Gefäßen oder im Boden wachsen.

Der Winter ist die Jahreszeit, in der alle Pflanzfehler offenbar werden. Und wenn ein Spaziergang durch den Garten am kürzesten Tag des Jahres nicht nur ein angenehmes, interessantes Erlebnis ist, sondern man auch noch einen wunderschönen Strauß aus Blumen und grünen Zweigen für eine Vase mit ins Haus zurückbringt, kann man sich beglückwünschen. Gefäße sind nicht die einzige Möglichkeit, dies zu erreichen, aber die Wahrscheinlichkeit ist groß, daß Ihr Winterspaziergang ohne sie trostloser ausfällt.

KULTUR-
METHODEN

Die Kultur von Pflanzen in Töpfen und Kübeln ist keine Expertenarbeit, die umfangreiches theoretisches Wissen erfordert. Trotzdem ist es hilfreich, die Grundbedürfnisse von Grünpflanzen zu kennen. Zum Überleben brauchen sie Wasser, Luft, Licht und Nährstoffe, und um zu gedeihen, müssen sie vor extremen klimatischen Verhältnissen und Krankheiten geschützt werden. Neben diesen grundlegenden Notwendigkeiten gibt es aber noch einige andere Dinge zu beachten. Sollen Pflanzen sich wirklich optimal entwickeln, bedürfen sie, je nach Art, einer unterschiedlichen Pflege: So müssen beispielsweise Kletterpflanzen erzogen und gestützt, Hecken regelmäßig gestutzt, Stauden zurückgeschnitten und Einjahresblumen zu Beginn jeder Wachstumsperiode neu gepflanzt werden.

Um Pflanzen am Leben zu erhalten, braucht man nicht viel zu wissen; für eine erfolgreiche Kultur sind jedoch mehr Kenntnisse erforderlich. Viele Leute tun aber instinktiv das Richtige, vor allem diejenigen, die Spaß an der Sache haben. Man kann das als »grünen Daumen« bezeichnen, doch kommen hier gewöhnlich angeborenes Talent und Erfahrung zusammen. Sie mögen vielleicht bisher nichts von Pflanzenpflege verstehen, doch Pflanzen lieben Sie gewiß. Sonst hätten Sie dieses Buch nicht bis hierher gelesen!

Das folgende Kapitel befaßt sich mit einigen praktischen Aspekten des Topfgartens. Es ist übersichtlich nach Themenbereichen gegliedert, um das Nachschlagen zu erleichtern.

LINKS In Kübeln wachsende Bäume und Sträucher müssen regelmäßig geschnitten werden, damit sie eine schöne Form behalten.

DAS PFLANZGEFÄSS

Töpfe sind etwas Unnatürliches, und nur wenige Pflanzen würden sich von selbst in ihnen ansiedeln, da sie dort nicht ohne fremde Hilfe überleben könnten. Wer daher schöne Topfpflanzen ziehen will, muß sich einige Gedanken über die Gefäße machen, die er verwenden will. Das Ziel muß stets sein, den Topf entsprechend den besonderen Bedürfnissen einer Pflanze auszuwählen, das heißt, ihre Wachstumsbedingungen so natürlich wie möglich zu gestalten. Hierbei spielt die Größe des Gefäßes eine wichtige Rolle, aber man muß auch berücksichtigen, wie sich die Außentemperaturen auf den Topf auswirken.

Topfgröße

Je größer ein Gefäß ist, um so wohler fühlen sich in ihm die Pflanzen. Dafür gibt es mehrere Gründe:
● Im Garten oder an einem natürlichen Standort dringen die Wurzeln einer Pflanze erstaunlich weit vor, in Gefäßen hingegen können sie selten ihre maximale Ausdehnung erreichen. Im allgemeinen entstehen dadurch keine Probleme, solange genügend Wasser und Nährstoffe vorhanden sind, doch wenn ein Wurzelsystem zu stark eingeengt wird, kann es seine Aufgaben nicht mehr richtig erfüllen. Selbst kleine Pflanzen entwickeln sich bei ausreichender Wurzelfreiheit erheblich kräftiger, und gut ausgebildete Wurzeln geben der Pflanze festen Halt im Boden, so daß sich die Gefahr von Windschäden auf ein Minimum reduziert.
● Große Gefäße sind schwerer und werden daher seltener umgeweht.
● In großen Gefäßen bleibt die Erde länger feucht, und die Temperaturschwankungen sind geringer.
● Große Gefäße bieten bessere Möglichkeiten für gemischte Pflanzungen.

Temperatur

Gefäße können bei Frost Schaden nehmen, denn im Gegensatz zu den meisten Stoffen dehnt sich Wasser bei einer Temperatur zwischen 0 und −4°C aus. Dies hat in zweifacher Hinsicht Auswirkungen auf die Gefäße. Zum einen können von porösem Material, das durch aufgesogene Feuchtigkeit durchfriert, Stücke abspringen, zum anderen können bei einigen Pflanzgefäßen Risse entstehen, wenn das in der Erde vorhandene Wasser gefriert. Einfache Blumentöpfe mit schrägen Wänden springen dabei seltener als Gefäße, die sich in der Mitte oder nach oben zu verjüngen, denn wenn die Erde in einem normalen Topf gefriert, schiebt sie sich meist nach oben, so daß sich der

LINKS Töpfe und Pflanzen müssen harmonieren. Diese Hortensie paßt großartig in die Urne, doch nächstes Jahr wird sie ihre Größe verdoppelt haben und benötigt dann ein geräumigeres Gefäß.

Druck auf die Wände verringert.

Neben den Gefäßen können auch die Pflanzen unter Frost leiden. Viele, darunter auch recht winterharte Arten, vertragen es nicht, wenn ihre Wurzeln gefrieren. Im Freiland würden die Wurzeln tief genug in den Boden hinabreichen, um vor Frost sicher zu sein, ungeschützte Gefäße frieren häufig jedoch vollkommen durch. Besonders gefährdet sind einige Stechpalmen, Rhododendren und Klematis.

In sehr kalten Gegenden muß man daher frostbeständige Töpfe und Pflanzen mit frostunempfindlichen Wurzeln verwenden oder die Gefäße während des Winters ins Haus bringen. (Vorschläge zum Überwintern siehe Seite 137.)

Ein ebenso großes Problem ist extreme Wärme. Wurzeln fühlen sich bei relativ niedrigen, gleichbleibenden Temperaturen am wohlsten, doch in Gefäßen, die unmittelbar in der Sonne stehen und die Hitze absorbieren, werden leicht Kochtemperaturen erreicht. Dies gilt vor allem für schwarze Gefäße, insbesondere aus Metall und Kunststoff; weißes Holz oder solider Stein leiten die Wärme hingegen nicht. Sich über die Seiten rankende Pflanzen können zusätzlich Schatten spenden. Auch eine überlegte Plazierung der Pflanzen hilft. So können beispielsweise wärmeliebende Pflanzen wie *Echeveria* an der Sonnenseite einer Gruppe von Pflanzgefäßen gesetzt werden, um zartere Gewächse durch ihren Schatten zu schützen.

RECHTS Pflanzgefäße sind in endlosen Variationen erhältlich. Ton bekommt mit den Jahren eine schöne »Patina«, leidet jedoch bei Frost. Kleine Gefäße wie diese können in schönen Gruppen zusammengestellt werden, trocknen aber rasch aus und sind nicht frostbeständig.

UNTEN Halbe Holzfässer sind stabil und preiswert. Sie eignen sich gut als Pflanzgefäße für Sträucher, wie etwa diese Rose, oder große Stauden, weil die Wurzeln in ihnen viel Platz haben. Da Holz ein schlechter Wärmeleiter ist, bleibt die Erde auch bei Hitze recht kühl.

DIE ERDE

Eine gesunde Erde ist lebensnotwendig. Natürliches Erdreich besteht aus einer Mischung von Mineralstoffen und organischer Substanz und hat eine körnige Struktur, die es ihm erlaubt, Luft und Feuchtigkeit zu speichern. Die Körnchen sind mit einem Wasserfilm umgeben, und die Zwischenräume sind luftgefüllt. In der Erde wimmelt es von Kleinstlebewesen.

Pflanzenwurzeln suchen mit Hilfe von feinen Haaren im Boden nach Wasser, in dem auch gelöste Mineralsalze enthalten sind. In trockenem Boden sterben die Haarwurzeln ab, doch dies ist auch der Fall, wenn die winzigen Räume zwischen den Erdkörnchen so voller Wasser sind, daß keine Luft vorhanden ist. Deshalb muß die Erde durchlässig sein, damit überschüssiges Wasser abfließen kann (Seite 124 und 125).

In Gefäßen gehen unweigerlich einige der natürlichen Eigenschaften der Erde verloren, doch wenn sie nicht »atmen« – das heißt, weder Luft noch Wasser halten – kann und die lebensnotwendigen Mineralstoffe nicht alle vorhanden sind, können Pflanzen nicht gedeihen. Gewöhnlich werden Töpfe mit fertig gekauften Erdmischungen, sogenannten Substraten, gefüllt, die jedoch in jedem Fall die genannten Anforderungen erfüllen müssen.

Substrat-Typen

Man unterscheidet im wesentlichen zwischen Torfsubstraten und Lehmsubstraten, doch innerhalb die-

ser beiden großen Gruppen gibt es Hunderte verschiedener Mischungen. Torfsubstrate bestehen, wie der Name schon sagt, überwiegend aus Torf, dem die lebenswichtigen Nährstoffe beigefügt wurden.

Ein gutes Substrat auf Lehmbasis läßt sich aus sieben Teilen Lehm, drei Teilen grobem Torf, zwei Teilen Sand sowie etwas Kalk, Kalium, Stickstoff und Phosphor herstellen. Alle Pflanzsubstrate sollten eine optimale Struktur für eine kräftige Wurzelbildung haben, genügend Nährstoffe enthalten, damit sich die Pflanzen gesund entwickeln können, und frei von schädlichen Organismen sein.

Torfsubstrate haben folgende Vorzüge:
● Sie sind relativ leicht und dadurch einfacher zu handhaben, was besonders bei

Dachgärten und Balkons von Vorteil ist, und sind außerdem billiger.
● Da sie voluminöser und lockerer sind als Lehm, bewahren sie ihre Struktur, lassen sich leichter bepflanzen und fühlen sich angenehmer an.
● Torfsubstrate sind von Natur aus sauer und eignen sich daher gut für kalkfliehende Pflanzen. (Falls Sie für solche Pflanzen Gefäße vorbereiten, müssen Sie aber überprüfen, ob dem Substrat nicht Kalk zugesetzt wurde.)

Torfsubstrate haben jedoch auch einige Nachteile:
● Da mit Torfsubstrat gefüllte Gefäße leichter sind, werden sie rascher vom Wind umgerissen.
● Auch wenn Torfsubstrate im allgemeinen Wasser recht gut halten, ist es oft nur schwer möglich, sie wieder zu durchfeuchten, wenn sie

OBEN In feuchtem, kiesigem Boden vermehren sich alpine Pflanzen wie Rhodohypoxis baurii *üppig.*

GEGENÜBER Innerhalb einer vorwiegend grünen Pflanzengruppe steht hier eine großartige Schopflilie, die in voller Sonne und durchlässigem Boden am besten gedeiht.

einmal völlig ausgetrocknet sind.
● Bei Torfsubstraten ist falsche Düngung ein größeres Problem als bei Lehm, der ein Pufferungsvermögen besitzt, so daß ein Mangel oder Überschuß bei den Pflanzen nicht sofort offenbar wird.

Das richtige Substrat

Wer guten Lehm zur Verfügung hat und genau wissen möchte, wie sich sein Substrat zusammensetzt, sollte es am besten selbst mischen. Ich verändere mein Rezept oft abhängig davon, was gerade vorhanden ist, zumeist bestehen meine Mischungen aber aus jeweils einem Drittel normaler Gartenerde, mittelgrobem Torf und grobem Sand. Für Zimmerpflanzen oder Aussaat verwende ich sterilisierte Erde, die es in großen Tüten zu kaufen gibt, doch bei großen Freilandgefäßen halte ich dies für nicht erforderlich.

Handelsüblichen Substraten sind Pflanzennährstoffe und Kalk zugesetzt, ich gebe meinen Mischungen einfach einen Depotdünger in der empfohlenen Menge hinzu. Da ich in einer Gegend lebe, in der der Boden von Natur aus alkalisch ist, verwende ich keinen zusätzlichen Kalk.

Wer aber weder Platz noch Lust hat, sich sein Substrat selbst zu mischen, findet im Handel ein umfangreiches Angebot an Pflanzsubstraten, und es würde den Rahmen dieses Buches sprengen, auf alle einzugehen. Meist ist es am besten, ein Produkt einfach auszuprobieren.

In manchen Gärten werden Pflanzen in Gefäßen gezogen, weil sie im Garten-

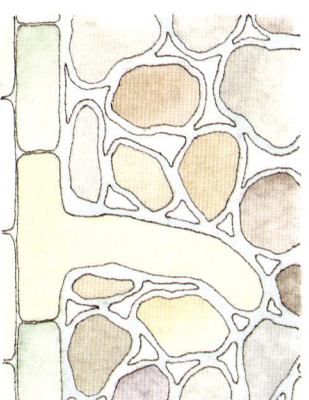

RECHTS *Erde ist voller Leben, und damit in ihr Pflanzen gedeihen können, muß sie eine gesunde Struktur haben. Jeder Krümel sollte mit einem Feuchtigkeitsfilm überzogen sein, doch in den Zwischenräumen muß sich Luft befinden, damit die Wurzeln »atmen« können, während sie Wasser und Mineralstoffe aufnehmen. Richtiges Wässern und eine gute Drainage sind Voraussetzung für eine gesunde Erde.*

boden nicht gedeihen würden. Ein typischer Fall sind Kalkflieher wie Azaleen oder Rhododendren. Solche Pflanzen brauchen unbedingt ein kalkfreies Substrat und müssen darüber hinaus mit Regenwasser gegossen werden. (Enthärtetes Leitungswasser ist oft stark salzhaltig und schädigt die meisten Pflanzen.)

Sauer oder alkalisch?

In alkalischem Boden sind kalkfliehende Pflanzen nicht in der Lage, ausreichende Mengen der lebenswichtigen Spurenelemente aufzunehmen, und bald beginnen ihre Blätter die Symptome von Eisenmangel zu zeigen und färben sich gelb. In saurem Boden gedeihen einige Pflanzen gar nicht.

Es ist daher wichtig, den ungefähren pH-Wert – also den Säuregehalt – eines Substrats zu kennen. (Der pH-Wert wird mit einer Skala gemessen, die von 0 bis 14 reicht. Ein pH-Wert von 7 zeigt eine neutrale, von 7 bis 14 eine alkalische und von 0 bis 7 eine saure Erde an.) Der pH-Wert läßt sich entweder mit einem

pH-Meßgerät (teuer) oder durch einen einfachen Bodentest (preiswert) ermitteln.

Für die meisten Pflanzen eignet sich Substrat mit einem neutralen pH-Wert am besten. Durch Hinzufügen von Kalk läßt sich der pH-Wert von saurem Substrat erhöhen, doch wenn es einmal alkalisch ist, kann der Prozeß nicht wieder umgekehrt werden. Bei geringen Mengen überkalkter Erde kann man den Säurewert durch Schwefelblüte (die am häufigsten erhältliche Form von Schwefel) reduzieren, indem man ihr pro Quadratmeter etwa 50 g hinzufügt. Sollte der Boden sehr kalkhaltig sein, wird dies einmal pro Jahr wiederholt.

Der pH-Wert schwankt auch abhängig von Niederschlagsmenge und Bodenbehandlung. Diese Schwankungen sind aber relativ gering, und der Allgemeinzustand verändert sich meist nur dann gravierend, wenn große Mengen an Kalk hinzugefügt werden. In schwierigen Situationen kann es sich aber lohnen, zu Beginn jeder Wachstumsperiode einen Bodentest durchzuführen.

BEWÄSSERUNG UND DRAINAGE

Richtiges Gießen und eine gute Drainage sind bei jeder Art der Pflanzenkultur wichtig, bei Gefäßen sind sie jedoch lebensnotwendig, weil sich sonst die Wurzeln nicht entwickeln, und die Pflanzen krank aussehen. Das Gießwasser muß durch die Erde ins Pflanzgefäß rinnen und durch eines oder mehrere Abzugslöcher abfließen können. Erde mit einem hohen Tonanteil verfestigt sich leicht zu einer wasserundurchlässigen Masse, und da hier kaum eine ausreichende Drainage gewährleistet ist, verwendet man sie besser nicht.

Neben Abzugslöchern sollte sich am Grund des Gefäßes eine Schicht aus Material befinden, die die Drainage unterstützt. In kleinen Töpfen reichen einige Tonscherben oder eine Handvoll grober Kies aus, für größere Gefäße eignen sich Ziegelteile oder zerbrochene Kacheln, auf denen Rundkies verteilt wird, möglicherweise besser, damit sich das Substrat nicht in den Ritzen festsetzt.

Mit der Zeit können Abzugslöcher durch die Tätig-

keit von Regenwürmern und Ameisen mit feiner Erde verstopfen, die diese von außen herbeigeschafft haben. Gelegentlich schiebt auch eine Pflanze ihre Pfahlwurzel durch ein Abzugsloch, das dadurch blockiert wird. Daher sollte beim Wässern stets geprüft werden, ob die Drainage des Gefäßes noch ausreichend ist.

Drainageprobleme sind leicht erkennbar. Wenn Wasser nach dem Gießen länger als einige Minuten auf der Erdoberfläche stehenbleibt, die Blätter gelb werden, das Substrat sich zwischen den Fingern klebrig anfühlt oder ein fauliger Geruch entsteht, dann überprüfen Sie die Drainage!

Das Wässern ist die schwierigste Arbeit im Garten, und leider haben die meisten von uns davon eine vollkommen falsche Vorstellung. Es erinnert wohl eher an ein altes Hollywood-Musical, in dem die Heldin bei der Gartenarbeit mit einer winzigen Gießkanne herumtanzt und ein rührseliges Lied von ihrem Liebsten singt, während sie da und dort einige Tropfen Wasser

auf die Blätter der Pflanzen spritzt. Nutzlos! Doch Achtung: Zu viel Wasser richtet beinahe ebenso großen Schaden an wie zu wenig.

Am besten beugt man Bewässerungsproblemen dadurch vor, daß man nicht nur die Pflanze, sondern auch die Erde überprüft. *Vielleicht brauchen welkende Pflanzen Wasser, aber sie können ebensogut unter zu hohen Temperaturen, Wind oder selbst Staunässe leiden. Um Temperatur und Beschaffenheit der Erde zu prüfen, schiebt man einfach einen Finger hinein. Wenn sie sich unter 2,5 Zentimeter Tiefe trocken und krümelig anfühlt, braucht sie allerdings wirklich Wasser.*

Bewässerung von Hand

Gießen Sie so lange Wasser auf die Erde, bis es aus den Abzugslöchern wieder herausläuft. Wenn es das nicht tut, sammeln sich jedesmal an der Stelle im Gefäß, bis zu der das Wasser vordringen kann, lösliche Salze an. Und schließlich haben sie eine so hohe Konzentration, daß die Wurzeln faulen können.

Wenn es nicht gerade tagelang heftig regnet, brauchen Topfpflanzen wahrscheinlich auch bei nassem Wetter Wasser. Und falls Sie einmal wegfahren und Ihre Nachbarn mit dem Gießen beauftragt haben, sollten Sie vor Ihrer Abreise ein kleines Training durchführen, damit Ihr gutes nachbarschaftliches

UNTEN Es muß stets so lange gewässert werden, bis das Wasser wieder aus den Abzugslöchern herausläuft. Ungenügendes Gießen kann dazu führen, daß schließlich die Wurzeln faulen, weil sich im Topf eine Schicht aus löslichen Salzen gebildet hat.

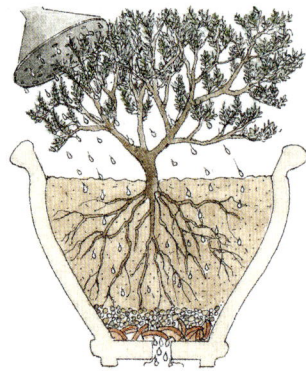

RICHTIG

LINKS Im Boden befindliche Abzugslöcher und eine Schicht aus Tonscherben oder Ziegelbruch, auf der grober Sand oder Rundkies verteilt wird, sorgen in großen und kleinen Gefäßen für eine gute Drainage. Tonscherben und Ziegelstücke verhindern, daß die Abzugslöcher mit Substrat verstopfen.

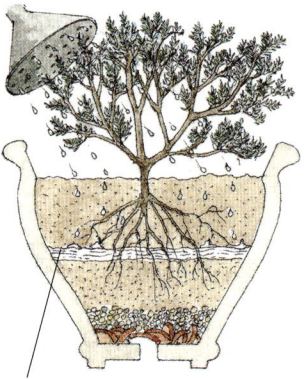

Lösliche Salze   FALSCH

Verhältnis keinen Schaden nimmt.

Bedenken Sie auch, daß sich sehr volle Gefäße nur schwer von Hand wässern lassen. Ein 2,5 Zentimeter hoher Gießrand erleichtert es, ausreichende Mengen Wasser einzufüllen, ohne daß es von der Oberfläche abläuft.

Automatische Bewässerungssysteme

Wer viele Gefäße besitzt, sollte über die Anschaffung einer automatischen Bewässerungsanlage nachdenken. Es gibt verschiedene Systeme, von denen jedes seine Vorzüge hat.

Regner   Diese unkomplizierten Geräte arbeiten entweder mit Hilfe einer kleinen Pumpe oder aufgrund des Wasserdrucks und sind preiswert zu installieren. Aber sie können, vor allem in praller Sonne, Blüten und

Blätter leicht schädigen. Darüber hinaus haben sie einen hohen Wasserverbrauch, und in Gegenden mit hartem Wasser hinterlassen sie häßliche weiße Flecken auf den Blättern.

Tröpfchenbewässerung   Bei diesem System werden von einem Verteilerrohr aus kleine Schläuche zu den einzelnen Gefäßen gelegt, aus denen so lange wie nötig Wasser in die Erde tropft. Eine ähnliche Vorrichtung besteht aus einem flexiblen, perforierten Schlauch, der auf seiner gesamten Länge langsam Wasser abgibt. Er wird in Gefäßgruppen, Fensterkästen oder Balkonkübeln unter der Erde verlegt, so daß das Wasser direkt zum Wurzelbereich gelangt.

Kapillarsysteme   In großen Gärtnereien nutzt man häufig die Kapillarität der Erde aus. Man setzt die Pflanzen

dazu auf ein besonderes Material, das feucht gehalten wird, und von dort aus sucht sich das Wasser seinen Weg hinauf in die Erde der Gefäße. Dieses System kann der häuslichen Situation angepaßt werden, sofern die Gefäße auf einem ebenen Untergrund stehen. Es gibt auch Schalen mit sogenannten Kapillarmatten, in denen die Töpfe von unten gewässert werden können, ohne daß Staunässe entsteht.

OBEN   Eine Topfgruppe mit Tröpfchenbewässerung.

Bei den meisten automatischen Bewässerungssystemen gibt es Vorrichtungen zum Düngen, und manche besitzen eine automatische Steuerung, die sicherstellt, daß die Pflanzen genau die richtige Nährstoffmenge erhalten. Wenn sie jedoch versagen, dann meistens völlig, und manchmal überleben die Pflanzen das nicht.

OBEN   Auf Kapillarmatten stehende bepflanzte Gefäße nehmen gerade soviel Wasser auf, wie sie brauchen, und gedeihen selbst bei minimaler Pflege gut. Man kann dem Wasser auch Nährstoffe beifügen.

OBEN   Von einem Verteilerrohr können Schläuche zu verschiedenen Gefäßen abzweigen. Die abgegebene Wassermenge wird so reguliert, daß ständig Wasser aus den Schläuchen tropft und die Erde feucht hält, sie aber nicht durchnäßt.

DAS PFLANZEN

*LINKS Blumenzwiebeln soll-
ten in mehreren Schichten
gepflanzt werden, um eine üppige Blütenpracht zu gewährleisten. Tulpen und Narzissen
kann man bis 30 Zentimeter tief
stecken, doch Krokusse und
Schwertlilien fühlen sich weiter
oben wohler.*

Aussaat

Mitunter lassen Samen ein-
jähriger Blumen, die man auf
Gefäße streut, in denen bereits kräftigere Pflanzen
wachsen, zauberhafte Arrangements entstehen. Gut
geeignet sind hier *Malcolmia
maritima* oder *Iberis,* doch
sollten nach der Keimung
alle Sämlinge entfernt werden, die die Wirkung der
anderen Pflanzen beein-
trächtigen könnten.

Dichte Pflanzungen

Es ist durchaus möglich, weitere Gewächse in Gefäße
einzubeziehen, die bereits
bepflanzt sind, wenn man
darauf achtet, daß die Wurzeln der vorhandenen Arten
nicht beschädigt werden. Ein
vorsichtiges Zurückschneiden der alten Pflanzen ver-
schafft dem Neuling bessere
Startbedingungen und
gleicht darüber hinaus eventuelle Wurzelschäden aus.
In diesem Zusammenhang
sollten Sie sich folgende
Regel merken: Werden ver-
sehentlich Wurzeln zerstört,
entfernt man die gleiche
Menge an Trieben und Laub.
Wenn also beim Versetzen
einer alten Pflanze etwa ein
Drittel der Wurzeln verloren-
geht, sollte man die Pflanze
im gleichen Maße zurück-
schneiden, um ihr das An-
wachsen zu erleichtern.

Um dieses Thema machen
Gartenbuchautoren gern ein
großes Geheimnis, im Grunde muß man aber lediglich
ein Loch graben und die
Pflanze hineinsetzen.

Da es keine Pflanze mag,
wenn ihre Wurzeln gestört
werden, lohnt es sich,
möglichst behutsam mit
ihnen umzugehen. Sollten
sie ihren Topf ausfüllen,
kann es hilfreich sein, einige
herauszuzupfen, vor allem
solche, die am Topfboden im
Kreis gewachsen sind. Man
muß bei dieser Arbeit jedoch
sehr vorsichtig sein, und im
Zweifelsfall läßt man lieber
ganz die Finger davon. Mit
der Zeit wird sich der Wurzelballen von allein seiner
Umgebung anpassen.

Wenn sich die Pflanze an

ihrem Platz befindet, füllt
man rundum Erde auf und
drückt sie mit beiden Händen an. Achten Sie darauf,
daß die Erde Kontakt mit
den Wurzeln bekommt, doch
dürfen die Stengel dabei
nicht gequetscht oder zer-
drückt werden.

Das Pflanzloch muß so
groß und so tief sein, daß der
gesamte Wurzelballen be-
quem darin Platz hat. Für
manche Pflanzen gelten
jedoch besondere Regeln
wie etwa für Klematis und
Geißblatt, die tiefer gepflanzt
werden sollten, als man sie
gekauft hat. Sie werden so
tief eingesetzt, daß sich auch
noch ein Stück Stamm mit
zwei oder drei Knospen in
der Erde befindet. Aus ihnen
entwickeln sich später neue

Haupttriebe, und die Pflanzen werden kräftiger.

Blumenzwiebeln

Es ist fast nicht möglich,
Blumenzwiebeln zu tief zu
pflanzen. Selbst Tulpenzwie-
beln, die 30 Zentimeter
unter der Erdoberfläche sitzen, treiben aus und blühen
gut. Deshalb sollte man
Blumenzwiebeln ruhig tief
stecken, damit sie bei
der nachfolgenden Sommer-
pflanzung nicht im Weg
sind. Damit ein dichter Blütenflor entsteht, kann man
die Zwiebeln in mehreren
Schichten pflanzen. Und
selbst dort, wo sie überein-
andersitzen, werden sich
schön blühende Pflanzen
entwickeln.

OBEN Der Schlafmohn Papaver somniferum *(vorn) gehört zu den vielen Einjahresblumen, die in Gefäße gesät werden können, wo sie sich rasch entwickeln. Wenn sie verblüht sind, kann man sie durch andere Pflanzen ersetzen.*

RECHTS Nach ihrer großartigen Blüte im Frühjahr kann man an den Platz dieser Narzissenhybriden Sommerblumen wie Pelargonien, Fuchsien oder Petunien setzen. Im Herbst wird der Kübel wieder mit Blumenzwiebeln oder anderen Frühjahrsblühern bepflanzt, und der Kreislauf schließt sich.

DÜNGUNG

Grünpflanzen erhalten den größten Teil ihrer Nahrung über ihre Blätter, in denen sie mit Hilfe des Sonnenlichtes aus dem in der Luft vorhandenen Kohlendioxid und Wasser, das sie über die Wurzeln aufnehmen, Kohlenhydrate herstellen. Doch für diesen lebensnotwendigen Prozeß benötigen sie auch eine Anzahl chemischer Elemente. Zu ihnen gehören relativ große Mengen Stickstoff, Phosphor und Kalium sowie kleinere Mengen anderer Mineralstoffe wie Eisen, Kalzium, Magnesium und Mangan.

In der Natur sind diese Elemente reichlich vorhanden, doch wo Pflanzen unter unnatürlichen, eingeschränkten Bedingungen wachsen, müssen diese Nährstoffe der Erde zugesetzt werden – und dies bezeichnet man als Düngung. Bei der Topfkultur entscheidet die Düngung über Erfolg oder Fiasko.

Nährstoffquellen

Natürliche Dünger Zu den natürlichen Stickstofflieferanten gehören Substanzen wie Mist; Knochenmehl enthält große Mengen an Phosphor. In Fischmehl, Hornmehl oder dieser schrecklichen Mischung aus Blut-, Fisch- und Knochenmehl sind die drei wichtigsten Mineralstoffe vorhanden. Obwohl diese Substanzen angeblich sterilisiert wurden, ist ihre Handhabung nicht sehr angenehm, und es muß auf Hygiene geachtet werden.

Zur Flüssigdüngung bereiten einige Biogärtner stinkende Brühen aus Mist, doch Markenprodukte aus Rinderdung oder Meeresalgen sind einfacher zu benutzen.

Kunstdünger Im Handel sind Mehrnährstoffdünger mit allen drei wichtigen Mineralien erhältlich, deren Anwendung einfach ist. Sie können unterschiedliche Konzentrationen haben, doch gibt die Gebrauchsanweisung gewöhnlich Aufschluß darüber, in welchen Mengen der Dünger verwendet werden muß.

Eine der arbeitssparendsten Erfindungen auf dem Düngemittelmarkt sind Depotdünger, die ihre Nährstoffe über einen Zeitraum von mehreren Monaten langsam an die Erde abgeben. Dies bedeutet, daß Pflanzen mit einer Düngung pro Wachstumsperiode auskommen, ganz hungrige einmal ausgenommen.

Düngeregeln

Allgemeine Richtlinien zur Düngung von Topfpflanzen finden sich in der gegenüberliegenden Übersicht. Mit Blattdüngungen – also dem direkten Aufbringen von verdünntem Flüssigdüngern auf das Laub – sollte man zurückhaltend sein. Sie sind dann empfehlenswert, wenn Pflanzen Anzeichen von Erschöpfung oder Mangel zeigen, etwa durch ein Gelbwerden ihrer Blätter oder kümmerliches Wachstum. Die Wirkung tritt sofort ein, hält aber nicht lange an. Für Blattdüngungen sind anorganische Flüssigdünger ebenso geeignet wie Algendünger, sie dürfen aber *nie* in praller Sonne angewendet werden, weil sonst die Blätter verbrennen.

UNTEN Regelmäßige Düngung gewährleistet Gesundheit und Blütenfülle.

Düngung von Topfpflanzen

PFLANZEN	WICHTIGE ASPEKTE	METHODE
Bäume und Sträucher (Dauerpflanzungen)	Nach dem Pflanzen ist zunächst eine rasche Entwicklung wünschenswert. Später soll sie sich vielleicht etwas verlangsamen, doch darf nicht so wenig gedüngt werden, daß die Pflanzen Mangelsymptome zeigen und kränkeln.	Beim Pflanzen Dünger in die Erde mischen (oder fertiges Substrat verwenden, das bereits Nährstoffe enthält) und mit einer sehr schwachen Flüssigdüngerlösung wässern. In der folgenden Wachstumsperiode – oder wenn des Laub Mangelsymptome zeigt – granulierten Depotdünger auf die Erde streuen oder einmal pro Jahr im Frühling eine Depotdüngertablette anwenden. Rosen, die ständig neues Holz und Blüten entwickeln, müssen häufiger gedüngt werden. Sie sind für regelmäßige Blattdüngungen dankbar.
Stauden (bedingt dauerhaft)	Sie wurzeln flach und wachsen rasch.	Eine stickstoffreiche Düngung im Frühjahr sorgt für eine kräftige Entwicklung, sobald die Pflanzen aber ihre volle Größe erreicht haben, wird auf kaliumreichen Dünger umgestellt, um eine üppige Blüte zu fördern. Alle zwei bis drei Wochen wiederholen.
Alpine Pflanzen (Dauerpflanzungen)	In Becken und Trögen wachsen alpine Pflanzen langsam und benötigen nur wenig Dünger.	Einige Pflanzen mögen es, wenn sie einmal im Jahr leicht gedüngt werden, ich dünge aber fast nie.
Einjahresblumen und Beetpflanzen (kurzlebige Pflanzungen)	Sie sind hungrig, da sie sich innerhalb kürzester Zeit komplett entwickeln und eine ganze Wachstumsperiode schön aussehen müssen.	Einer großzügigen Düngergabe beim Pflanzen müssen während der Wachstumsperiode regelmäßige Düngungen folgen. Am einfachsten ist eine wöchentliche Flüssigdüngung.
Nutzpflanzen	Sie brauchen eine großzügige Düngung. Leguminosen entwickeln an den Wurzeln Knöllchen, in denen Bakterien Stickstoff binden, Phosphor und Kalium benötigen sie aber dennoch.	Wärmeliebende Pflanzen wie Tomaten, Paprika oder Auberginen und Früchte wie Erdbeeren brauchen ausreichend Stickstoff, um sich gut zu entwickeln, doch später muß auf Kaliumdünger umgestellt werden, um einen reichlichen Fruchtansatz zu gewährleisten. Kaliumreiche Tomatendünger sind meist flüssig und für alle fruchttragenden Gemüse wie auch Blumen geeignet.

ERZIEHEN UND SCHNEIDEN

Viele Kletterpflanzen gedeihen in Gefäßen gut, doch es muß sorgfältig überlegt sein, wie man sie erzieht und aufbindet, da sie leicht zu schwer werden. Aus diesem Grund müssen Spaliere und Pergolapfosten auch fest im Boden verankert oder sicher an Mauern befestigt sein, selbst wenn die Pflanzgefäße beweglich sind.

Es gibt Dutzende verschiedener Möglichkeiten, Pflanzen an Mauern wachsen zu lassen. Ich verwende am liebsten einfache Ringschrauben, die im Abstand von etwa 45 Zentimetern so angebracht

werden, daß man die Drähte *waagrecht* über die Mauer spannen kann. Die Pflanzen werden dann mit dünneren Drähten oder einer Schnur aufgebunden.

Einige Pflanzen sind Selbstklimmen und brauchen keine Kletterhilfe wie etwa Efeu, *Hydrangea anomala* ssp. *petiolaris* oder *Parthenocissus henryana*. Auch Pflanzen, die nicht klettern, können mitunter vor Mauern erzogen werden, wie *Garrya elliptica, Fremontodendron californicum* oder die Zierquitte *Choenomeles superba*. Sie können darüber hinaus

echten Kletterpflanzen als Stütze dienen.

In Töpfen wachsende Kletterpflanzen müssen kräftiger zurückgeschnitten werden als Freilandpflanzen, da ihre Wurzeln weniger Platz haben und daher nur eine begrenzte Menge an Trieben und Laub ernähren können, wenn sie nicht verhungert wirken sollen. Einige Gattungen, insbesondere Klematis und Geißblatt, fühlen sich auch in voller Sonne wohl, solange ihre Wurzeln kühl stehen, und daher sollten ihre Gefäße einen möglichst schattigen Platz erhalten, selbst wenn die Pflanzen der Sonne entgegenklettern.

Kleine Bäume und große Sträucher

Bäume und große Sträucher, die in Kübeln wachsen, können sich selten ungehindert ausdehnen. Deshalb dürfen sie nicht zu groß werden. Ein unsachgemäßer Schnitt kann jedoch schreckliche Folgen haben. Ein verräterisches Zeichen ist, wenn Büsche ihrer natürlichen Wuchsform beraubt und zu runden Wülsten geschoren wurden.

Auch wenn ein fachmännischer Schnitt nicht einfach ist, sollte zumindest versucht werden, die charakteristische Form der Pflanze

LINKS Mit Hilfe eines runden Drahtgestelles ist der vorn stehende Efeu zu einer fast perfekten Kugel erzogen worden.

RECHTS Durch einen Formschnitt werden Sträucher zu lebenden Skulpturen, die in vollkommener Harmonie mit den Möbeln stehen.

möglichst weitgehend zu erhalten. Bei Frühjahrsblühern werden oft die blütentragenden Zweige nach dem Welken entfernt, damit sich an der Basis neue Haupttriebe entwickeln können. Dies ist bei Rhododendren und Azaleen gar nicht so einfach. Bei anderen Sträuchern sollten Sie sich von Ihrem ästhetischen Gefühl leiten lassen: Behandeln Sie die Pflanze wie eine lebende Skulptur. Treten Sie nach Entfernen jedes einzelnen Zweiges zurück, um die Wirkung zu prüfen, bevor Sie den nächsten abschneiden. Und vor allem sollten Sie wissen, wann man aufhören muß.

Formschnitt

Nachdem ich gegen den »runden Wulst« gewettert habe, mag es manchem wie ein Widerspruch erscheinen, wenn ich nun den Formschnitt empfehle. Wenn jedoch Lorbeer, Buchsbaum oder Stechpalme in Form geschnitten werden, haben sie nichts mit verschnittenen Sträuchern gemein. Allerdings ist für ihre Pflege einiges Können erforderlich, und gewöhnlich müssen sie ein- oder mehrmals im Jahr gestutzt werden. Bereits in Form geschnittene Pflanzen sind sehr teuer, zieht man sie aber selber, dauert dies viele Jahre. Alle Pflanzen, die stark geschnitten werden, brauchen eine kräftige Düngung, um die Verluste auszugleichen.

RECHTS Kletterpflanzen wie die Passionsblume werden leicht kopflastig.

Ein Bäumchen erziehen
Den Haupttrieb des Strauches an einem Stab mehrmals festbinden.

Während der Strauch wächst, tiefersitzende Nebentriebe direkt am Stamm abschneiden.

Die Spitze des Haupttriebes ausknipsen, damit sich eine Kugel aus Blattwerk entwickeln kann.

Die Zweige der unteren Kugelhälfte zurückschneiden, so daß eine Schirmform entsteht.

Eine Spirale erziehen
Junge Koniferen mehrmals um einen Stab winden und in Abständen festbinden.

Bei Efeu eine steife Drahtspirale am oberen und unteren Ende eines Stabes festbinden und die Pflanze darumwinden.

Eine Pyramide erziehen
Eine Pyramide aus Drahtgeflecht über den jungen Strauch setzen.

Während der Strauch größer wird, herauswachsende Zweige knapp über dem Geflecht abschneiden.

Ist eine perfekte Pyramidenform entstanden, den Draht entfernen und den Strauch regelmäßig zurückschneiden.

Für eine Kugel den Haupttrieb wachsen lassen, dann ausknipsen. Seitentriebe rund zurückschneiden.

VERMEHRUNG

Einige Gärtner widmen sich hingebungsvoll der Vermehrung ihrer Pflanzen und finden eine tiefe Befriedigung darin, mit Samen und Stecklingen zu experimentieren. Andere mögen diese Seite der Pflanzenkultur dagegen gar nicht und kaufen ihre Pflanzen lieber. Aber die Anzucht eigener Pflanzen hat Vorteile:
● Sie ist billiger als der Kauf von Pflanzen.
● Meist gibt es bei Samen eine größere Auswahl als bei kommerziell gezogenen Pflanzen.
● Bewurzelte Stecklinge oder Samen können mit anderen Gärtnern getauscht werden.
● Besonders schöne Arten lassen sich auf diese Weise zu Hause vermehren.

Ausstattung

Die letzte Marktneuheit ist eine Kombination aus einem Vernebelungssystem, das automatisch für hohe Luftfeuchtigkeit sorgt, und beheizten Pflanzentischen, für die man aber ein recht großes Glashaus braucht. Die zweitbeste Lösung ist ein recht großes Gewächshaus, das nach Möglichkeit eine Bodenheizung haben sollte. Auch in einem einfachen kalten Kasten ist eine Vermehrung in gewissem Rahmen möglich.
   Wer nichts dergleichen hat, kann seine Pflanzen in einem kleinen Vermehrungskasten auf dem Fensterbrett oder sogar direkt vor dem Fenster ziehen. Leuchtstoffröhren, die speziell für die Pflanzenkultur entwickelt wurden, bieten die Möglichkeit, einen Abstell- oder Kellerraum zu nutzen.

Methoden

Wo zumindest bescheidene Möglichkeiten vorhanden sind, können folgende Methoden der Vermehrung durchgeführt werden.

Teilung   Diese einfache Methode eignet sich für jede Pflanze, die einen sich ausbreitenden Wurzelstock besitzt oder Rosetten bildet, die abgetrennt werden können. Die Pflanze wird herausgehoben und in Stücke geteilt, die man sofort wieder einpflanzt. Jedes Stück muß einen schönen Trieb und kräftige Wurzeln haben. Schwache, alte oder welke Teile werden entfernt.

Absenken   Ein bewährtes Verfahren bei Sträuchern und Kletterpflanzen, das ebenso einfach vorzunehmen ist wie die Teilung, aber lange dauert. Man zieht einen Trieb auf den Boden

herunter und befestigt ihn so, daß sich ein Teil der Rinde in der Erde befindet. An dieser Stelle bilden sich Wurzeln, und so entsteht eine neue Pflanze. Durch ein Anritzen der Rinde wird dieser Prozeß beschleunigt.

Abmoosen   Sträucher oder Bäume mit aufrecht wachsenden Stämmen können auch abgemoost werden. Dazu ritzt man die Rinde an und befestigt um die Stelle mit Folie etwas Moos, bis sich Wurzeln gebildet haben. Das Moos muß stets feucht gehalten werden.

Triebstecklinge   Sie können im Sommer von krautigen Pflanzenteilen (bei Stauden und Sträuchern) oder im Herbst von halbreifen Trieben (bei Holzpflanzen) genommen werden.
   In einem Vermehrungskasten mit Bodenheizung be-

wurzeln sich krautige Stecklinge innerhalb weniger Wochen und haben sich bis zum Herbst zu jungen, gesunden Pflanzen entwickelt. Es gibt auch hormonelle Wuchsstoffe, die die Bewurzelung unterstützen. Wichtig ist es, die Luft um die Stecklinge so feucht wie möglich zu halten. Im Freien hilft eine durchsichtige Abdeckung, im Haus reicht meist ein übergestülpter und festgebundener Folienbeutel aus, sofern kein Vermehrungskasten vorhanden ist.
   Für halbreife Stecklinge schneidet man im Herbst junge Triebe, die in den letzten Wochen verholzt sind. Man kann sie an einem kühlen Platz direkt in den Erdboden stecken oder in ein Gefäß mit sandiger Erde setzen, wo sie bleiben, bis sie im folgenden Frühjahr zu wachsen beginnen.

LINKS   Samen und Stecklinge brauchen etwas Wärme, feuchte Luft und Schutz vor plötzlichen Temperaturschwankungen, um sich entwickeln zu können. Ein einfacher Vermehrungskasten auf dem Fensterbrett schafft diese Bedingungen zu minimalen Kosten, da er nur sehr wenig Strom benötigt. Fast ebenso effektiv und noch billiger ist eine Saatschale, die in eine Polyäthylentüte gesetzt wird.
   Da die Jungpflanzen nach der Keimung oder Bewurzelung mehr Licht und Luft brauchen, sind auch ein Glashaus oder ein kalter Kasten nützlich.

Teilung

Den Wurzelballen mit den Händen auseinanderziehen und in kleine Stücke teilen. Darauf achten, daß jeder Teil genügend Wurzeln und mindestens einen gesunden Trieb hat. In schwierigen Fällen die Ballen mit einer Gabel trennen oder einem Messer zerschneiden.

Absenken

Etwas Rinde von der Unterseite eines Zweiges oder Triebes abschaben und ihn dann auf der Erde feststecken, eventuell mit Draht befestigen oder mit einem Stein beschweren. Wenn sich Wurzeln entwickelt haben, den Trieb von der Mutterpflanze abtrennen und einpflanzen.

Abmoosen

Einen gesunden Trieb auswählen. Schräg einschneiden und etwas feuchtes Sphagnummoos in den Schnitt schieben. Dann mit Hilfe einer Folie Moos oder Erde um den Trieb befestigen. Wenn sich Wurzeln gebildet haben, die neue Pflanze abtrennen und einpflanzen.

Triebsteckling

Einen gesunden blütenlosen Trieb an einem Blattknoten (wo Blatt und Stengel zusammenkommen) abschneiden und die unteren Blätter abstreifen, so daß keines die Erde berührt. Den Steckling in sandige Erde stecken und in einem Vermehrungskasten halten, bis er bewurzelt ist.

Wurzelsteckling

Große Pflanzen im Winter aus der Erde nehmen und Wurzelteile abnehmen. In kurze Stücke schneiden, senkrecht oder waagrecht nebeneinanderlegen und mit Erde bedecken. Der obere Teil muß sich direkt unter der Oberfläche befinden.

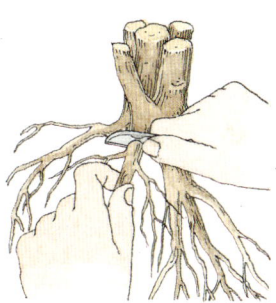

Wurzelstecklinge Diese Methode eignet sich für Stauden mit fleischigen Wurzeln. Hier schüttelt man im Winter die Erde von den Wurzeln, schneidet die dicksten in kurze Stücke und steckt diese dann – senkrecht oder waagrecht – in eine Saatschale oder einen Topf mit sandigem Substrat. Sie müssen mit Erde bedeckt sein und feucht, aber nicht zu naß gehalten werden.

Aussaat Da es viele Saatmethoden gibt, kann ich hier nur einige allgemeine Hin-

weise geben und vor Gefahren warnen.

Probleme bei der Keimung sind gewöhnlich durch überaltertes Saatgut und falsche Temperaturen bedingt. Einige Samen brauchen Frost, damit ihre Schalen platzen und Wasser eindringen kann, andere Wärme. Deshalb sollte man die Gebrauchsanweisung auf dem Samentütchen sorgfältig lesen, und wo sie nicht ausreicht, versuchen, etwas über die Heimat der Pflanze herauszufinden. Eine mexikanische *Salvia* ist vermutlich

kein Frostkeimer, eine Primel aus dem Himalaya hingegen bestimmt.

Die häufigste Ursache für Erkrankungen ist mangelhafte Sauberkeit, und dies gilt vor allem für die sogenannte Umfallkrankheit. Wenn Sämlinge scheinbar ohne Grund eingehen, sollte man sie entfernen und noch gesunde, sofern möglich, pikkieren und an einen anderen Platz stellen.

Vor allem bei Aussaaten auf Fensterbänken ist eine sorgfältige Pflege erforderlich. Aufgrund der Licht-

OBEN   In den Blüten der Flammenden Käthchen wiederholt sich die rötliche Farbe des Hintergrundes. Sie können im Frühjahr durch Triebstecklinge vermehrt werden.

verhältnisse sind die Wachstumsbedingungen selten optimal, dennoch kann ein Fenster zu bestimmten Tageszeiten zuviel Sonne erhalten. Unter diesen Umständen ist es empfehlenswert, die Sämlinge möglichst früh einzutopfen und nach draußen zu stellen.

ÜBERWINTERN

Auch für einen Topfgarten bringt der Winter zwei Probleme mit sich. Erstens: Was sieht auch in dieser Jahreszeit noch schön aus? Zweitens: Was macht man mit Pflanzen, die während des Winters Schutz brauchen? Die erste Frage wurde bereits in den vorangegangenen Kapiteln beantwortet, das zweite Problem läßt sich auf unterschiedliche Weise lösen. So könnte man beispielsweise alle Gefäße in Stroh einpacken oder sämtliche Pflanzen wegwerfen. Dies wären jedoch radikale Lösungen; die eine ließe den Garten seltsam aussehen, die andere würde eine enorme Verschwendung bedeuten. Einjahresblumen gehen natürlich ein und müssen durch Zwiebelblumen oder Beetpflanzen ersetzt werden, doch empfindliche Stauden kann man auf zwei Weisen durch den Winter bringen.

Stecklinge Nehmen Sie im Spätsommer Stecklinge ab, die Sie im Haus als kleine Zimmerpflanzen überwintern und dann im folgenden Frühjahr wieder nach draußen bringen, sobald keine Frostgefahr mehr besteht.

Wurzelstock Heben Sie die Pflanzen aus dem Boden, und wenn ihre grünen Teile abgestorben sind, lassen Sie die Wurzeln bis zum nächsten Frühjahr ruhen. Um gesund zu bleiben und nicht auszutreiben, müssen sie kalt, aber frostfrei gelagert werden. Bei Dahlien ist diese Methode üblich, sie eignet sich jedoch für fast alle Pflanzen mit einem robusten, knolligen Wurzelstock. *Salvia patens* oder *Cosmos atrosanguineus* lassen sich

auf diese Weise ebenso leicht überwintern wie Chrysanthemen. Überprüfen Sie die Wurzeln gelegentlich auf Fäule, oder falls sie zu trocken sind, wässern Sie sie etwas. Im Frühjahr können die Wurzeln wieder in Erde gesetzt und nach draußen gebracht werden, doch schönere Pflanzen erhält man, wenn man die Knollen zunächst austreiben läßt und dann kräftige Basaltriebe abnimmt und wie Stecklinge behandelt.

Die Zwiebeln frostempfindlicher Sommerblumen, insbesondere der Gladiolen, *Tigridia* oder *Acidanthera,* müssen stets frostfrei gelagert werden. Tulpen und Narzissen bleiben lieber in ihren Gefäßen. Große Zwiebelblumen, etwa *Agapanthus* oder *Crinum,* können zwar aus der Erde genommen werden, doch sie blühen schöner, wenn man sie in ihren Töpfen ins Haus bringt.

Auch nicht winterharte Sträucher überwintern am besten drinnen. Mediterrane Pflanzen fühlen sich so lange wohl, wie die Temperaturen noch über dem Gefrierpunkt liegen.

Wenn man die Töpfe dann im Frühjahr wieder ins Freie stellt, muß man etwas aufpassen. Falls sich unter Glas junge Triebe rasch entwickelt haben, ist das Gewebe weich und wird leicht durch Wind und Nachtfröste geschädigt. Da es dann oft mehrere Wochen dauert, bis sich die Pflanzen erholt und an die Bedingungen im Freien gewöhnt haben, sollte man sie im Zweifelsfall lieber etwas länger unter Glas halten.

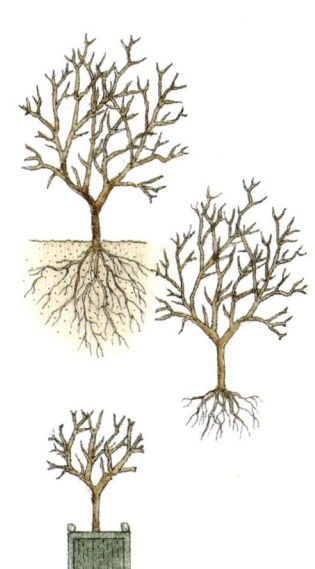

OBEN Auch wenn man im Garten eine ganze Anzahl immergrüner Arten und Winterpflanzen ziehen kann, die ihn auch während der kalten Jahreszeit reizvoll erscheinen lassen, müssen viele Töpfe bis zum Frühjahr beiseite geräumt werden.

RECHTS Wenn man Bäume oder Sträucher aus ihren Kübeln hebt, um sie im Haus zu überwintern, nehmen unweigerlich einige Wurzeln Schaden. Zum Ausgleich schneidet man die Zweige um etwa ein Drittel zurück, wobei aber die Form erhalten bleiben muß.

SCHÄDLINGE UND KRANKHEITEN

TAUSENDFÜSSER

GOLDAUGE

MARIENKÄFER MIT LARVE

SCHWEB-FLIEGE

LINKS Tausendfüßer begeben sich bei Nacht auf Jagd nach kleinen Schnecken und Schadinsekten. Marienkäfer und ihre Larven vertilgen enorme Mengen von Blattläusen, über die sich auch die Larven von Goldaugen und Schweb-Fliegen mit immensem Appetit hermachen.

Angesichts des heutigen Trends zum ökologischen Gartenbau – eine Entwicklung, die nach dem jahrzehntelangen Einsatz stärkster chemischer Mittel sehr zu begrüßen ist – müssen wir zu einer neuen und ganzheitlicheren Einstellung gegenüber Pflanzenkrankheiten und Schädlingen kommen.

Früher oder später treten in jedem Garten einmal Schädlinge oder Krankheiten auf. Gegen einige kann man gar nichts machen, andere schwächen oder verunstalten die Pflanzen so, daß man den unwiderstehlichen Drang verspürt, die befallenen Pflanzen auszureißen und wegzuwerfen. Die meisten aber sind harmloserer Natur und können entweder ignoriert oder ausgemerzt werden. Jeder muß dabei selbst entscheiden, ob und in welchen Mengen er chemische Substanzen einsetzen will. Nachfolgend sind zwei

verschiedene Vorgehensweisen dargestellt.

Meiner Ansicht nach sollte man möglichst selten Chemikalien verwenden, sich ihrer aber dort bedienen, wo es kein anderes Mittel gibt. Ich selbst spritze zwar meine Rosen vorbeugend mit einem Fungizid, weil ich Mehltau, Sternrußtau und Rost sonst nicht bekämpfen kann, doch andere präventive Maßnahmen führe ich nicht durch.

Biologische Methoden

Gute Pflege ist der Schlüssel für gesunde, kräftige Pflanzen. Sie sind stets weniger anfällig für Schädlinge und Krankheiten als kümmernde Exemplare. Außerdem zahlt sich eine sorgfältige Beobachtung der Pflanzen aus, vor allem, um eventuelle Probleme früh erkennen zu können. Viele Schadinsekten sind so groß, daß man sie

absammeln oder abwaschen kann, wie etwa Raupen, Blattwespenlarven, einige Blattlausarten oder Käfer. Da Pilzerkrankungen am häufigsten durch Pflegefehler bedingt sind, sollten Sie nach der Ursache forschen und sie beheben, statt die Symptome zu bekämpfen. Das sichert langfristigen Erfolg.

Wählen Sie die richtigen Pflanzen für den richtigen Standort aus, und verwenden Sie nach Möglichkeit Sorten, die für ihre Resistenz bekannt sind. Da beispielsweise Rosen, die vor warmen Mauern stehen, rascher Mehltau entwickeln, sollten Sie hier entweder eine resistente Form oder eine andere Pflanzenart wählen. Einige Pflanzen haben eigene Abwehrstoffe gegen Schädlinge. So soll *Tagetes patula* einen Wurzelsaft absondern, der von anderen Pflanzen aufgenommen wird

und wie ein natürliches systemisches Insektizid gegen die Weiße Fliege wirkt. Wenn man daher Tomaten und *Tagetes* im gleichen Gefäß zieht, werden die Tomaten nicht von ihr befallen.

Es gibt ökologisch vertretbare Schädlingsbekämpfungsmethoden, wie etwa der Einsatz von Raubinsekten und bestimmten biologischen Produkten, obwohl mir rätselhaft ist, warum Ökologen das pflanzlich (aus *Chrysanthemum*) gewonnene Gift Derris für annehmbar halten, synthetisch gewonnene Pyrethrine (die chemisch identisch sind) jedoch nicht. Die Übersicht gegenüber zeigt die Möglichkeiten der biologischen Schädlingsbekämpfung.

Chemische Methoden

Auch wenn man üblicherweise die oben beschriebenen Methoden anwendet, kann es einem Garten durchaus zugute kommen, wenn man in Ausnahmefällen und wo es wirklich notwendig ist, auch einmal – in Maßen – chemische Mittel einsetzt. Eine monatliche Spritzung mit einem Fungizid beispielsweise wirkt wahre Wunder für Aussehen und

Gesundheit von Rosen. Auch eine behutsame Verwendung von Schneckenkorn kann jungen Einjahresblumen das Leben retten. Inwieweit wird dadurch die Umwelt geschädigt? Vernünftigerweise sollte man nur in äußersten Notfällen zu chemischen Mitteln greifen und vorher jede andere Methode versuchen. Wie überall ist auch hier die Aufmerksamkeit für Kleinigkeiten der Schlüssel zum Erfolg.

OBEN Schädlingskontrolle ist vor allem beim Anbau von Gemüse und Obst sehr wichtig, wenn man gute Ernten erzielen will. Zu den biologischen Methoden gehört die Mischkultur – hier von Tagetes *und* Tomaten. *Die Wurzeln der* Tagetes *geben Stoffe ab, die von den Tomatenpflanzen aufgenommen werden und Schadinsekten fernhalten. Darüber hinaus blühen sie auch hübsch.*

Schädlingsbekämpfung im Biogarten

VORBEUGUNG

Einkauf
Sehen Sie die Pflanzen vor dem Kauf stets genau an. Verzichten Sie auf alle, die Symptome von Schädlings- und Krankheitsbefall zeigen. Fleckige oder deformierte Blüten können ein Hinweis auf Blasenfüße, beschädigte, verfärbte und gelbe Blätter durch einen Virus bedingt sein.

Wachstumsbedingungen
Gewährleisten Sie die Gesundheit Ihrer Pflanzen, indem Sie für möglichst gute Wachstumsbedingungen sorgen.

Sauberkeit
Kranke Pflanzen sollten verbrannt werden. Sorgen Sie immer für absolute Sauberkeit, indem Sie Töpfe vor der Wiederbenutzung reinigen, totes Laub entfernen und stets frisches Substrat verwenden.

Viren
Achten Sie wachsam auf Blattläuse. Sie sind Virusüberträger, und eine virusbefallene Pflanze kann nicht mehr gerettet werden.

Nützlinge
Viele Insekten ernähren sich von Blattläusen, und Tausendfüßer töten viele andere Schadinsekten. Versuchen Sie diese natürlichen Feinde zu fördern.

BEHANDLUNG

Mechanische Bekämpfung
Waschen oder sammeln Sie Schadinsekten ab, sobald Sie sie entdecken.

Pestizide
Verwenden Sie biologische Mittel, wie beispielsweise Derris. Andere »unbedenkliche« Mittel sind Grüne Seife und Pyrethrum.

Fungizide
Biogärtner setzen gegen Pilzerkrankungen häufig Schwefel und Mittel, die Kupfer enthalten, ein.

Biologische Bekämpfung
Die Schlupfwespe *Encarsia formosa* ernährt sich von Weißen Fliegen und kann zur Bekämpfung dieses Schädlings eingesetzt werden, die Raubmilbe *Phytoseiulis persimilis* hält Spinnmilben unter Kontrolle. Bakterien wie der *Bacillus thuringiensis* töten bestimmte Raupenarten, wenn man sie auf befallene Kulturen spritzt. Diese Nutzorganismen sind im Handel erhältlich.

PFLANZENFÜHRER

Es gibt viele tausend Arten und Sorten, die sich für die Kultur in Töpfen eignen, doch aus Platzgründen kann hier nur eine kleine Auswahl von Pflanzen vorgestellt werden, welche sich in der Vergangenheit besonders bewährt haben. Einige von ihnen sind vollkommen frosthart, andere sollten besser nur in wärmeren Gegenden gezogen werden.

Über jeder Beschreibung befinden sich Symbole, die wichtige Informationen über die Pflanze geben, da es sich jedoch meist nicht um einzelne Arten, sondern ganze Gattungen handelt, sind die Angaben zwangsläufig sehr allgemein. Wo Arten innerhalb einer Gattung stark variieren und daher sehr unterschiedliche Wachstumsbedingungen benötigen, wurden mitunter Symbole ganz weggelassen, da sie keine Hilfe sein würden.

Bevor Sie sich endgültig für eine Pflanze entscheiden, sollten Sie prüfen, ob die Art oder Sorte Ihren Anforderungen gerecht wird. Die Erklärung der Symbole finden Sie auf der nächsten Seite. Um an die Bedeutung zu erinnern, erscheint eine Kurzfassung auch unten auf jeder der folgenden Seiten. Bei der endgültigen Auswahl der Pflanzen empfiehlt es sich jedoch, auf Seite 142 nachzuschlagen.

LINKS   Wegen ihres dekorativen Laubes, ihrem kriechenden Wuchs und ihren leuchtenden, langlebigen Blüten wird die Kapuzinerkresse gern als Topfpflanze gezogen.

Bedeutung der Symbole

FROSTHÄRTE

❄ = vollkommen frosthart bis
   −12 °C

❆ = etwas frostempfindlich, ab −1 °C können
   Schäden auftreten

⌂ = nicht frosthart, ab 5 °C können Schäden
   auftreten

WUCHS

⚘ = aufrecht

※ = kriechend, kletternd oder mattenbildend

❦ = rund oder buschig

»Verschieden« bedeutet, daß eine Pflanze verschiedene Wuchsformen haben kann.

GRÖSSE

Die nachfolgenden Größenangaben können nur einen ungefähren Anhaltspunkt geben. Es handelt sich dabei um die maximale Größe von Freilandpflanzen, doch die Entwicklung einer Pflanze, insbesondere eines Baumes oder Strauches, hängt in starkem Maße auch von der Größe ihres Topfes ab. »Verschieden« bedeutet, daß eine Pflanze unterschiedliche Größen erreichen kann, ein +, daß sie auch höher als angegeben werden kann.

STANDORT

☼ = volle Sonne

◑ = Halbschatten

● = Schatten

An erster Stelle steht der beste Standort für die Pflanze, danach folgen mögliche Alternativen. ☼ ◑ bedeutet also, daß die Pflanze Sonne bevorzugt, aber auch Halbschatten verträgt.

BODEN

T = trocken

F = feucht

<pH 7 = braucht sauren Boden

An erster Stelle stehen die bevorzugten Bedingungen, danach folgt – sofern vorhanden – eine mögliche Alternative.

OBEN Hübsches immergrünes Laub und eine lange Blühperiode machen die Schönmalve zu einer wertvollen Topfpflanze. Sie ist in vielen Blütenfarben und auch buntlaubigen Formen erhältlich.

VERMEHRUNG

Au = Aussaat

St = Stecklinge

Te = Teilung

Die Methoden sind in Reihenfolge ihrer Empfehlenswürdigkeit aufgeführt.

SAISON

Fr = Frühjahr

So = Sommer

He = Herbst

Wi = Winter

Ga = ganzjährig

Angabe der Jahreszeit(en), in der die Pflanzen am schönsten sind.

BÄUME, STRÄUCHER UND HALBSTRÄUCHER

ABUTILON

❋ ↓ 🐝 verschieden ☼ T Au St So He

Schönmalve. Immergrüne Malvengewächse mit schönen Blüten und Blättern. Viele besitzen eine klare Blattzeichnung und leuchtend gefärbte Blüten mit auffälligen Staubfäden. *Abutilon pictum* hat cremefarben gesprenkeltes Laub und orangefarbene geäderte Blüten. *Abutilon vitifolium* wird erheblich größer (vor Wänden bis zu 12 Meter) und trägt lavendelblaue Blüten. Hybriden haben meist rote oder gelbe Blüten.

ACER

❅ ❦ verschieden ◑ ● ☼ F Au Ga

Ahorn. Ansprechende Gattung Bäume und Sträucher mit schönem Wuchs und prächtig gefärbtem Laub. Zu den etwas anspruchsvolleren kleinen Arten gehören *Acer palmatum* und *Acer japonicum,* von denen es viele schöne Sorten gibt. Der schattenliebende *Acer griseum* hat eine papierartige Rinde. Einige Arten vertragen Frühjahrsfröste und kalte Winde schlecht. Robuster sind *Acer pseudoplatanus* ›Brilliantissimum‹, der im Frühjahr rosa Knospen trägt, und *Acer negundo,* von dem es auch panaschierte Formen gibt.

BETULA

❅ ↓ 6 m+ ☼ ◑ ● F Au St Ga

Birke. Genügsame Bäume mit schönen Blättern und Stämmen, die in Gefäßen klein gehalten werden können. Besonders reizvoll in Gestalt und dem Schneeweiß der Rinde sind junge Bäume von *Betula utilis* und *Betula jacquemontii.* Ausgereiftes Holz ist grau, beigerosa oder silbrigweiß.

CALLUNA

❅ ↓ 🐝 45 cm ☼ F <pH 7 St Au Ga

Heidekraut. Robuste, unkomplizierte Pflanzen mit dunkelgrünen Blättern und rosa, lila, violetten, purpurnen, roten oder weißen Blüten. Sie blühen vom Hochsommer bis in den Spätherbst, und viele Sorten haben auch dekoratives Laub. Schöne Sorten sind ›Alba Plena‹ und ›Loch Turret‹ (weiß); ›Beechwood Crimson‹ und ›Darkness‹ (purpur-

OBEN Acer palmatum ›*Rubrum*‹, ein Zwergahorn, *eignet sich gut als Kübelpflanze.*

rot); ›Elsie Purnell‹ (rosa). Farbiges Laub haben ›Beoley Gold‹ (goldene Blätter, weiße Blüten); ›Fred J. Chapple‹ (korallenrote Blätter, rosa Blüten); ›Multicolor‹ (gelbe, orangefarbene und grüne Blätter, rosa Blüten).

CAMELLIA

❅ ❦ ♀ verschieden ● ◑ F <pH 7 St Fr Ga

Kamelie. Immergrüne Sträucher und Bäume mit schönen glänzenden Blättern und Blüten, die rosa, rot oder weiß sind. Von unterschiedlicher Frostempfindlichkeit, daher muß die Art abhängig vom Klima gewählt werden. Frostempfindliche Sorten, die aus *Camellia reticulata* gezüchtet wurden, sind ›Butterfly Wings‹ (halbgefüllt, rosé) und ›Robert Fortune‹ (gefüllt, tiefrot). Zu den winterharten Formen gehören *Camellia-williamsii-Hybriden* wie ›Donation‹ (halbgefüllt, rosa) oder ›Bow Bells‹ (einfach, rosa) und *Camellia-japonica-Hybriden* wie ›Adolphe Audusson‹ (halbgefüllt, dunkelrot) und ›Alba Simplex‹ (einfach, weiß).

CHOENOMELES

✽ ❦ 2,5 m ☼ ◑ T F St Wi Fr

Zierquitte. Entwickelt im Spätwinter rote, rosa oder weiße Blüten, denen später eßbare grünlichgelbe Früchte folgen. Sträucher können als Schutzhecke erzogen werden oder freistehend wachsen. Schöne Sorten sind ›Nivalis‹ (weiß), ›Crimson and Gold‹ (blutrot mit goldenen Staubfäden) und ›Pink Lady‹.

CHOISYA

⚡ ❦ 2 m ☼ T St Fr So

Orangenblume. Immergrüne Sträucher mit glänzenden, dreizähligen Blättern und duftenden, wachsartigen weißen Blüten, die im Spätfrühjahr und noch einmal im Herbst erscheinen.

CHRYSANTHEMUM FRUTESCENS

⚡ ⚘ 90 cm ☼ T F St Au So

Strauchmargerite. Halbstrauch mit gefiederten Blättern und weißen, rosa oder gelben Blüten vom Frühsommer bis in den Spätherbst. Die Art hat weiße Strahlenblüten mit einer gelben Mitte; ›Mary Wootton‹ ist blaßrosa und gefüllt, ›Jamaica Primrose‹ hellgelb mit einer dunklen Scheibe. Die Pflanzen sollten häufig ausgeknipst werden, um damit einen buschigen Wuchs anzuregen.

CISTUS

✽ ❦ verschieden ☼ T Au St Fr So

Zistrose. Immergrüne Sträucher mit rosa oder weißen Blüten. Viele Arten bevorzugen warme, trockene Standorte. *Cistus ladanifer* hat klebriges Laub und riesige weiße Blüten, die in der Mitte dunkel gefleckt sind. *Cistus corbariensis* hat kleinere Blätter und reinweiße Blüten, *Cistus purpureus* rosarote Blüten mit dunkleren Flecken.

CITRUS

⌂ ⚡ ⚘ verschieden ☼ T <pH 7 Au St Ga

Orange, Zitrone. Immergrüne Sträucher mit aromatisch duftenden Blättern, weißen Blüten und leuchtend gefärbten Früchten. Alle Arten sind schön, doch Zitronen und die Zwergorange *Citrus microcarpa* mit ihren zahllosen Blüten und winzigen Früchten wirken besonders dekorativ.

OBEN Die Orangenblume ist ein immergrüner Strauch mit duftenden Blüten und Blättern.

CONVOLVULUS CNEORUM

⚡ ⚘ 60 cm ☼ T St Au Fr So He

Silberwinde. Pflanze mit buschiger Wuchsform und einer wunderschönen Silberfärbung. Unter bestimmten Lichtverhältnissen erscheint das Laub beinahe metallisch. Die Knospen sind blaßrosa, geöffnete Blüten weiß mit hellgelber Mitte.

DORYCNIUM HIRSUTUM

⚡ ❦ 30 cm ☼ T Au St Ga

Kleiner Strauch mit silbernen, dreizähligen Blättern und flaumigen Blüten, die geschlossen rosa und geöffnet weiß sind. An warmen, trockenen Standorten sät er sich üppig aus.

ERICA

✽ ❦🌿 30 cm ☼ T F Au St Ga

Glockenheide. Große Gattung mit vielen Sorten, die rosa, weiß, rot oder purpurn blühen und gut für die Topfkultur geeignet sind. *Erica arborea* ist weiß und wird sehr groß; *Erica carnea* ist in vielen Farben erhältlich und blüht im Winter. Die meisten *Erica*-Arten bevorzugen neutralen oder sauren Boden, doch *Erica terminalis* und *Erica herbacea* gedeihen auch auf kalkhaltigem Boden.

EUCALYPTUS

⚡ ⚘ verschieden ☼ T Au Ga

Eukalyptus. Umfangreiche, in Australien heimische Gattung mit zumeist blaugrauem Laub und

OBEN Hortensien sind großartige, aber sehr durstige Topfpflanzen.

kleinen Blüten, die cremefarben, rot oder rosa sind. Junge Blätter unterscheiden sich von der Altersform. *Eucalyptus gunnii* und *Eucalyptus niphophila* gehören zu den unempfindlichsten und dekorativsten Arten.

FICUS

⌂ ⚡ verschieden T F Au St Ga

Feigen-, Gummibaum. Feigenbäume haben große, drei- oder fünfzählige Blätter und wohlschmeckende Früchte. Für den Garten geeignete tropische Gummibaumarten sind *Ficus benjamina,* der erzogen und in Form geschnitten werden kann, und *Ficus elastica.*

FUCHSIA

⚡ verschieden ☼ ◑ F St Au So He

Fuchsie. Sträucher mit oft zweifarbigen Blüten, die rosa, rot, weiß und violettblau sein können. Fuchsien gehören zu den beliebtesten Topfpflanzen und blühen vom Frühsommer bis in den Spätherbst. Die härteste Art ist *Fuchsia magellanica* mit kleinen, länglichen Blüten.

HYDRANGEA

⚡ ❄ verschieden ☼ ◑ F St Ga

Hortensie. Sommergrüne Sträucher mit langlebigen Blüten. Eine schöne Art ist *Hydrangea quercifolia* mit cremefarbenen Blüten und dekorativem Herbstlaub, am bekanntesten sind jedoch die zahl-

reichen Sorten von *Hydrangea macrophylla,* die weiß, rosa oder blau blühen, wie ›Blue Bonnet‹ und ›Generale Vicomtesse de Vibray‹ (rosa).

LAURUS NOBILIS

⚡ ⚲ 3 m ● ◑ T St Ga

Lorbeerbaum. Immergrüner Strauch, der in Form geschnitten werden kann. Im Frühjahr trägt er kleine, cremegelbe Sternblüten.

LAVANDULA

❄ ⚡ verschieden ☼ T St Au So

Lavendel. Halbstrauch mit blauen, rosa, violetten oder weißen Blüten. *Lavandula angustifolia* hat silbriges Laub und duftende Blüten; schöne Sorten sind ›Vera‹, ›Munstead‹ und ›Hidcote‹. Die empfindlicheren *Lavandula stoechas* und *Lavandula lanata* sollten an warmen, trockenen Standorten gepflanzt werden.

PHYGELIUS

⚡ ❄ ⚲ 90 cm+ ☼ ◑ F St Te So

Kapfuchsie. Halbsträucher mit roten, lachsrosa oder gelben Blüten, die im Frühjahr zurückgeschnitten werden. Sie haben kräftige Stengel und röhrenförmige Blüten. Am schönsten sind *Phygelius aequalis* (lachsrosa) und die Sorte ›Yellow Trumpet‹.

PRUNUS

❄ verschieden Fr Ga He

Kirsche, Pflaume, Pfirsich, Mandel, Aprikose. Große Gattung weiß und rosa blühender Bäume und Sträucher.
Kleine Sträucher sind *Prunus triloba, Prunus mume* und *Prunus tenella. Prunus cistena* ist eine Zwergform mit purpurfarbenem Laub und blaßrosa Blüten. Auch im Winter schön ist der immergrüne *Prunus laurocerasus* ›Otto Luyken‹, der im Frühjahr zahlreiche weiße Blüten mit kerzenartigen Blütenständen trägt.
Größere Bäume sind viele Zierkirschen wie ›Kursar‹ (dunkelrosa Blüten, schöne Herbstfärbung) und ›Amanogawa‹ mit säulenförmigem Wuchs und hellrosa Blüten, ferner Aprikosen, Pfirsiche, Pflaumen und eßbare Kirschen, die in großen Töpfen alle gut gedeihen. Die Schattenmorelle blüht und fruchtet selbst im Schatten.

PUNICA GRANATUM

⌂ ❦ 2,5 m ☼ T St Au Ga

Granatapfel. Sommergrüner Baum mit feuerroten Blüten, denen schwere Früchte folgen. Die Zwergform *Punica granatum* ›Nana‹ sieht besonders dekorativ aus.

RHODODENDRON

❧ ❄ verschieden F <pH 7 ● ◗ Au St Ga

Meist immergrüne Sträucher oder Bäume, die von winzigen Büschen bis zu großen Bäumen mit riesigen ledrigen Blättern reichen und leuchtend gefärbte Blüten tragen. Viele Zwergformen gedeihen in Gefäßen gut, und die meisten vertragen Schatten, brauchen aber eine saure, torfige Erde. Zu den robustesten Rhododendren gehören *Rhododendron yakushimanum* und seine Hybriden. Es gibt zahlreiche andere empfehlenswerte Formen, deren Blütenfarben von Blau über Rosa und Rot bis Lachs und Gelb reichen. Viele duften. Schöne Arten und Sorten sind: ›Azumakagami‹ (rosafarbene Azalee); *Rhododendron calostrotum* (blaues Laub, rote Blüten; *Rhododendron kiusianum* (rosaviolette Blüten); ›Pink Drift‹ (sehr klein).

UNTEN Diese moderne Strauchrosenzüchtung fühlt sich in dem halben Faß offenbar wohl. Ihr zu Füßen wächst ein silberblättriger Beifuß.

ROBINIA

❄ ▯ 4 m+ ☼ ◗ T St Fr So He

Robinie. Sommergrüne Bäume mit gefiederten Blättern, die es nicht übelnehmen, wenn ihr Wurzelraum begrenzt ist. *Robinia pseudoacacia* ›Frisia‹ hat goldenes Laub, *Robinia hispida* rosarote Schmetterlingsblüten.

ROSA

❄ verschieden ☼ St So He

Rose. Gattung mit einer großen Vielfalt an Gartensträuchern, von denen viele in Töpfen ausgezeichnet gedeihen. Für kleinere Gefäße sind kompaktere, langsam wachsende Sorten am besten geeignet, in Kübeln können jedoch auch große Sträucher gepflanzt werden. Am empfehlenswertesten sind remontierende Hybriden, von den alten Sorten eignen sich zum Beispiel *Rosa* ›Old Blush China‹ und ›Hermosa‹. Sehr gute moderne Sorten sind kleine buschige Zwergrosen wie ›Zwergkönig 78‹ (leuchtendblutrot); ›Bit O'Sunshine‹ (goldgelb); ›Baby Maskerade‹ (goldgelb-rot); ›Starina‹ (lachs-scharlachrot). (Siehe Kletter- und Kriechpflanzen.)

SALIX

❄ verschieden ☼ ◗ St Au Ga

Weide. Zumeist unkomplizierte Gehölze, die Schatten und kargen Boden tolerieren. Arten mit schönem silbrigem Laub für freie sonnige Lagen sind *Salix lanata, Salix helvetica* und *Salix glauca*. Besonders reizvolle Kätzchen entwickelt *Salix hastata. Salix fargesii* hat glänzende rote Zweige und auffälliges Sommerlaub.

SANTOLINA

❄ ❦ 75 cm ☼ T St Au Ga

Heiligenkraut. Niedrige Halbsträucher mit silbrigem oder grünem Laub, die im Sommer gelbe Knopfblüten entwickeln und gern an einem warmen, sonnigen Platz stehen. *Santolina pinnata* ssp. *neapolitana* hat schwefelgelbe Blüten, *Santolina rosmarinifolia* tiefgrünes gefiedertes Laub. Besonders beliebt ist *Santolina chamaecyparissus* mit senfgelben Blüten.

KLETTER- UND KRIECHPFLANZEN

CLEMATIS

❋ 🐝 verschieden ☀ ◑ F St Au Fr So He

Klematis. Große Gattung von Kletterpflanzen, die zu unterschiedlichen Jahreszeiten in zahlreichen Farben blühen, am häufigsten blau, violett oder rosa. Viele Arten fühlen sich in Töpfen wohl, der Wurzelbereich muß jedoch stets feucht und kühl sein.

Man kann die Gattung in fünf Gruppen unterteilen:

Clematis montana **und Verwandte** blühen im Frühjahr rosa oder weiß. Beispiele: *Clematis chrysocoma* (hellrosa), *Clematis montana* ›Tetrarose‹ (tiefrosa) und die *Clematis chrysocoma* var. *sericea* (weiß).

Clematis-alpina- **und** *Clematis-macropetala-***Formen** tragen nickende blaue, rosa oder weiße Blüten, die im Frühjahr blühen und dann noch einmal im Spätsommer erscheinen. Beispiele: *Clematis alpina* ›Ruby‹, *Clematis alpina* ›Frances Rivis‹ (blau) und die *Clematis alpina* var. *sibirica* ›White Moth‹.

*Clematis-viticella-***Cultivare** blühen im Sommer weiß, blau oder violettrot und müssen jedes Jahr zurückgeschnitten werden. Beispiele: ›Alba Luxurians‹ (weiß), ›Royal Velours‹ (violettrot), ›Etoile Violette‹ (tiefviolett).

Großblumige Hybriden entwickeln im Frühjahr (früh) oder Sommer bis Herbst (spät) blaue, rosa oder weiße Blüten. Frühblühende Hybriden nicht schneiden, spätblühende können im Frühjahr kräftig zurückgeschnitten werden. Frühe Sorten: ›Marie Boisselot‹ (weiß), ›HF Young‹ (blaßblau). Späte Sorten: ›Jackmanii‹ (königsblau), ›Hagley Hybrid‹ (rosa).

Vertreter der Orientalis-Gruppe haben gelbe Blüten und schöne Fruchtstände. Beispiele: ›Bill Mackenzie‹, *Clematis tangutica, Clematis orientalis.*

CONVOLVULUS

⚡ ❋ verschieden ☀ F T Au St So He

Winde. Kletterpflanzen mit schalenförmigen Blüten, die weiß, rosa, violett oder blau sind. *Convolvulus sabatius* entwickelt ein Meer leuchtendviolettblauer Blüten. Ganz ähnlich ist die Gattung *Ipomoea* mit ihren großen trichterförmigen Blüten in Blau, Rosa oder Weinrot.

ECCREMOCARPUS SCABER

⚡ 🐝 3 m ☀ T F Au So He

Schönranke. Wuchsfreudige Kletterpflanze, an der im Sommer und Herbst orangefarbene, gelbe oder rote Röhrenblüten in lockeren Trauben erscheinen.

HEDERA

❋ 🐝 verschieden ● ◑ F T St Ga

Efeu. Gut einsetzbare kriechende und auch kletternde Pflanzen, die an Stützen oder Mauern gezogen werden können und später dichte Schutzschirme bilden. Von *Hedera helix* gibt es viele Sorten mit unterschiedlichen Blattfärbungen wie etwa ›Goldheart‹ (auffällig gelb gezeichnet), ›Heise‹ (graugrüner Grund mit weißer Zeichnung) oder ›Buttercup‹, deren Blätter sich in der Sonne gelb färben. *Hedera canariensis* ist etwas empfindlich, doch lohnt es sich wenigstens versuchsweise, die weißbunte Sorte ›Glorie de Marengo‹ zu pflanzen. *Hedera colchica* hat besonders große Blätter und ›Paddy's Pride‹ eine rote Zeichnung.

UNTEN Convolvulus sabatius *ist ein bei uns nicht winterharter Halbstrauch, der im Sommer zahllose Trichterblüten entwickelt.*

JASMINUM

❄ ⸖ 🌿 verschieden bis 4 m ☼ ◑ T St Ga

Jasmin. Kräftige Kletterpflanzen mit zumeist duftenden Blüten, die sich über einen langen Zeitraum entwickeln. Als Schutz geeignet. Winterjasmin *Jasminum nudiflorum* ist fast frosthart; hat im Winter gelbe duftlose Blüten. Die Sommerblüher *Jasminum polyanthum* und *Jasminum officinale* haben weiße duftende Blüten; nur in frostfreien Räumen zu überwintern.

LAPAGERIA ROSEA

⸖ 🌿 3 m ● F <pH 7 St Au So

Immergrüne Pflanze mit ledrigen Blättern und wachsartigen, glockigen, roten Blüten, die im Spätsommer und Herbst erscheinen.

LATHYRUS

❄ 🌿 verschieden ☼ F Au So

Platterbse. Kletterpflanzen mit duftenden Blüten, die violett, lilarosa, weiß, rosa, rot oder orangefarben sind. Als Schutz geeignet. Die einjährige Duftwicke *Lathyrus odoratus* kann gut in Gefäßen wachsen. Unter ihren ausdauernden Verwandten gehört *Lathyrus sylvestris* (violett und rosalila) zu den unkompliziertesten Arten.

LONICERA

❄ verschieden ● ◑ F St Au Fr So Wi

Geißblatt. Große Gattung, darunter dankbare Kletterpflanzen, teils mit creme- und orangefarbenen, gelben, roten oder weißen Blüten, die häufig duften. Zur Berankung von Zäunen geeignet. Das Geißblatt steht gern schattig. Solange der Wurzelbereich kühl ist, gedeiht es in Gefäßen gut. Schön sind *Lonicera periclymenum* und seine Sorten, die von Frühjahrsmitte bis zum Spätsommer blühen. Der Sommerblüher *Lonicera japonica* ›Aureo-reticulata‹ hat golden geäderte Blätter, *Lonicera* ›Dropmore Scarlet‹ ist leuchtend gefärbt.

PASSIFLORA

⸖ 🌿 6 m+ ☼ T Au St Ga

Passionsblume. Wuchsfreudige, aber frostempfindliche Kletterpflanzen mit außergewöhnlichen Blüten, die rot, violett oder rosalila gefärbt sind. Ihnen folgen später eßbare Früchte. Am robustesten ist *Passiflora caerulea*, die den ganzen Sommer über rosalila oder grün-weiße Blüten entwickelt. *Passiflora coccinea* ist leuchtendrot, *Passiflora exoniensis* rosarot.

RHODOCHITON ATROSANGUINEUS

⌂ 🌿 3 m ☼ F Au St So

Wuchs- und blühfreudige Kletterpflanzen mit anmutigen hängenden Blüten. Die Kelche sind roséfarben, die röhrenförmigen Petalen tiefviolett bis schwarz. Für kalte Regionen ungeeignet.

LINKS Die frostempfindliche Passionsblume wächst kräftig und muß eventuell zurückgeschnitten werden.

ROSA

✳ verschieden ☀ St So He

Rose. Kletterrosen wachsen in Gefäßen zu kräftig, doch Sorten wie ›Lady Hillingdon‹ (aprikosenfarben), ›Guinée‹ (kastanienbraun), ›Golden Showers‹ und ›Climbing Cécile Brunner‹ (rosa) gedeihen in Töpfen gut. ›Nozomi‹ und ›The Fairy‹ (beide blaßrosa bis weiß) überranken hübsch die Gefäße; bilden auch schützende Hecken.

TROPAEOLUM

✳ ⚘ ✿ ☀ ◐ T F Au So

Kapuzinerkresse. Kletterpflanzen mit hübschen Blättern und roten, orangefarbenen oder gelben Blüten. Neben der unkomplizierten und wuchsfreudigen Kapuzinerkresse *Tropaeolum majus* gibt es für Pflanzgefäße auch einige weniger wuchernde Arten wie *Tropaeolum peregrinum* (gelb) und *Tropaeolum speciosum* (scharlachrot).

VINCA

✳ ⚘ ✿ verschieden ◐ ● F T Te St Ga

Immergrün. Meist kriechende Pflanze mit glänzenden immergrünen Blättern und symmetrischen Blüten, die blau, weinrot oder weiß sind. *Vinca minor* hat die schöneren Blütenfarben, *Vinca major* ist jedoch wuchsfreudiger.

VITIS

✳ ⚘ ✿ 3 m+ ☀ T St Te Ga

Rebe. Als Schutz geeignet. Die winterharte Weinrebe *Vitis vinifera* wirkt mit ihren großen zartgrünen Blättern und den Fruchttrauben sehr dekorativ. Die Sorte *Vitis vinifera* ›Purpurea‹ hat violettes Laub. Schön ist auch der Zierwein *Vitis coignetiae*, dessen riesige Blätter rostbraune Unterseiten haben und sich im Herbst rot und orange färben.

RECHTS Vinca major *ist eine von mehreren Immergrünarten mit schönem, glänzendem Laub, die im Frühjahr und Frühsommer unter einem Meer von Blüten versinkt. Es gibt Gartenformen mit weißen, violetten, hellblauen oder dunkelblauen Blüten wie auch verschiedene buntlaubige Arten.*

WISTERIA

✳ ✿ 6 m+ ☀ T Au Fr So

Glyzine. Für Schutzhecken geeignet. Langlebige Kletterpflanzen mit frischgrünem Laub und meist lavendelblauen Blüten im Frühjahr. *Wisteria sinensis* blüht üppig, doch *Wisteria floribunda* hat die längeren Blütentrauben. Eine besonders schöne Sorte ist ›Black Dragon‹ mit dunkelblauen, halbgefüllten Blüten.

ZEBRINA

⬠ ✿ verschieden ☀ ◐ F St Ga

Zebrakraut. Kriechpflanzen mit grünen oder rosa-grün gestreiften Blättern und winzigen Blüten. Bewurzeln sich leicht und wachsen rasch.

STAUDEN UND STEINGARTENPFLANZEN

ACAENA

✳ 🐾 15 cm ☀ T Au St Ga

Stachelnüßchen. Nützliche, aber wuchernde Bodendecker mit grünem, bläulichem oder bräunlichem Laub, die dichte Teppiche aus verflochtenen Trieben, zahllosen gefiederten Blättern und unscheinbaren, duftigen Sommerblüten bilden. *Acaena caesiiglauca* hat graugrünes Laub, ›Copper Carpet‹ bronzefarbene Blätter und cremefarbene Blüten. Die ebenfalls bläulich belaubte *Acaena adscendens* klettert, braucht aber eine Stütze.

ACONITUM

✳ ⬦ 90 cm ◑ F Au Te So

Eisenhut. Robuste Gattung für kühle Standorte mit stark geschlitzten Blättern und blauen, blauweißen oder cremefarbenen helmartigen Blüten. *Aconitum napellus* blüht im Sommer, *Aconitum carmichaelii* und der kletternde *Aconitum volubile* im Herbst. Alle Arten sind hochgiftig.

ALYSSUM

✳ ♀ 15 cm ☀ T F Au Fr So

Steinkraut. Ausdauernde Arten tragen meist gelbe Blüten, einjährige wie *Alyssum maritimum* (richtiger: *Lobularia maritima)* werden für Einfassungen oder Beete verwendet und blühen gewöhnlich weiß. Sehr beliebt ist die Sorge ›Snowdrift‹. *Alyssum saxatile* eignet sich gut für Töpfe.

ANIGOZANTHOS

⬦ ⬦ 60 cm ☀ T <pH 7 Te Au So

Känguruhblume. Stauden mit schwertförmigen Blättern und ungewöhnlichen, wolligen Röhrenblüten, die rot oder grünlich sind. *Anigozanthos manglesii* hat rote Knospen, die geöffneten Blüten sind grün. *Anigozanthos flavidus* hat gelblichgrüne Blüten.

ANTHEMIS

⬦ ⬦ 🐾 verschieden ☀ T Te Au So He

Hundskamille. Aromatisch duftende Stauden mit gefiederten, filigranen Blättern und weißen, meist einfachen Korbblüten mit gelber Mitte. *Anthemis cretica* ssp. *cupaniana* neigt sich anmutig über die Topfränder und öffnet im Frühjahr und Sommer über Monate weiße Korbblüten.

ANTIRRHINUM

⬦ ♀ 60 cm ☀ T F Au So

Löwenmäulchen. Meist einjährig gezogene Stauden mit bunten Blüten. Bei uns übliche Sorten stammen meist von *Antirrhinum majus* ab und eignen sich alle für Gefäße. Schöne Sorten sind ›Coronette‹ mit roten, orangefarbenen, rosa und gelben Blüten und die Zwergform ›Princess‹. Daneben gibt es Züchtungen mit offenen Blüten wie ›Little Darling‹.

AUBRIETA

✳ 🐝 15 cm ☀ T St Au Fr

Blaukissen. Beliebte Steingartenpflanze, die sich über Topfränder rankt und im Frühjahr in einem violetten, karminrosa oder purpurnen Blütenmeer versinkt. Das Laub ist immergrün. Die Pflanzen nach der Blüte kräftig zurückschneiden, damit sie nicht in der Mitte verkahlen. Es gibt zahlreiche Sorten, etwa ›Argenteo-variegata‹ mit silbernen Blatträndern oder ›Joy‹ mit violetten halbgefüllten Blüten.

BEGONIA

⚡ 🏠 verschieden St Au

Freilandarten lassen sich in folgende Gruppen zusammenfassen:
Begonia-semperflorens-Hybriden Kleine, buschige Pflanzen mit fleischigen Blättern und einer langen Blütezeit. Die gefüllten oder ungefüllten Blüten sind meist rosa. Schöne Sorten sind ›Party Fun‹ mit bronzefarbenen Blättern oder ›Coco Bright Scarlet‹. ›Pink Avalanche‹ eignet sich ideal für Ampeln.
Begonia-Knollenbegonien-Hybriden Gezüchtete Sorten mit riesigen Blüten wie ›Can Can‹ (pfirsichfarben), ›Midas‹ (gelb) oder ›Apricot Cascade‹. Die Züchtung ›Nonstop‹ gibt es als Mischung mit leuchtenden Farben.
Arten Schöne Beispiele sind *Begonia sutherlandii* mit kupferorangefarbenen Blüten, die an hängenden Trieben stehen, oder *Begonia coccinea.*

CAMPANULA ISOPHYLLA

⚡ 🐝 15 cm ☀ T F St Au So He

Glockenblume. Immergrüne Staude mit kriechendem Wuchs und wunderschönen blauen oder weißen Glockenblüten. Ihre lange Blütezeit macht die Pflanze ideal für Ampeln und alle anderen Gefäße, aus denen ihre Triebe herabhängen können.

GEGENÜBER Löwenmäulchen gibt es in vielen Größen und Farben. Sie blühen den ganzen Sommer hindurch.

CENTRANTHUS

✳ ❧ 75 cm ☀ T Au Fr So

Spornblume. Genügsame Pflanzen, die auch unter schwierigsten Bedingungen gedeihen und eine lange Blühperiode haben, mit roten, rosa oder weißen Blütenständen und bläulichgrünem Laub. Sie siedeln sich sogar auf alten Mauern an.

CHRYSANTHEMUM

✳ ⚡ verschieden ☀ T F St Au So He

Große Gattung mit zahlreichen Schnittblumen, von denen sich viele auch als Topfpflanzen eignen. Die robustesten Freilandtypen sind Mummies. Im Herbst halten *Chrysanthemum-Koreanum-Hybriden* besonders gut. Eine ausgesprochen harte spätblühende Sorte ist die kleinblumige ›Rehauge‹ mit dichtstehenden rotbraunen Blüten.

COLEUS

🏠 ❧ verschieden ☀ F St Au So

Buntnessel. Pflanzen mit farbenprächtigen, nesselartigen Blättern, die grün, rot, bronze- und cremefarben gezeichnet sind. Die herrliche Färbung macht die Buntnessel zu einer schönen Pflanze für frostfreie Standorte oder Sommerbeete.

DAHLIA

⚡ ❧ verschieden ☀ F Te St Au So

Große Gattung mit Blüten in fast allen Farben. Dahlienknollen müssen frostfrei gelagert werden. Man kann die Blüten in drei Haupttypen einteilen:
Dekorative Dahlien Große, breitblättrige Blüten. Schöne Sorten sind ›Ruby Wedding‹, ›Hamari Gold‹ (bronzefarben).
Kaktusdahlien Schmale, gerollte Blütenblätter, offene Blüten. Schöne Sorten sind ›Paul Chester‹ (orangefarben), ›White Klankstad‹.
Pompondahlien Runde Blüten. Schöne Sorten sind ›Whale's Rhonda‹ (violettrot), ›Small World‹ (weiß), ›Willo's Violet‹.
Daneben gibt es aber noch viele andere Formen. »Beetdahlien« wie ›Redskin‹ (dunkles Laub, verschiedene Blütenfarben) werden gewöhnlich jedes Jahr aus Samen gezogen.

◑ Halbschatten │ ● Schatten │ T trocken │ F feucht │ < pH 7 braucht sauren Boden │ Au Aussaat │ St Stecklinge │ Te Teilung

DIANTHUS

❄ ❢ 20 cm ☼ T St Au So

Nelke. Gartenblume mit auffälligen, oft durchdringend duftenden Blüten in Rosa, Lachs, Rot, Gelb, Cremefarben oder Weiß, die häufig gekraust oder gefranst sind und sich schön von dem blaugrauen Laub abheben. Für Töpfe eignen sich Gartennelken gut. Am empfehlenswertesten sind remontierende Sorten wie ›Doris‹ (lachs und karminrot) oder ›Diane‹ (lachs bis aprikosenfarben). Den schönsten Duft haben alte Sorten wie ›Dad's Favourite‹ (weiß und karminrot) oder ›Mrs. Sinkins‹ (weiß).

GLECHOMA HEDERACEA *›VARIEGATA‹*

❄ 15 cm ☼ ◑ F St Ga

Gundermann. Staude mit kriechenden Trieben, die sich bei Kontakt mit dem Erdboden bewurzeln. Ihre rundlich herzförmigen Blätter sind cremefarben und grün gescheckt, im Frühjahr erscheinen gehäuft kleine blaue Blüten. Eine Staude, die sich besonders gut für das Bepflanzen von Ampeln eignet.

HAKONECHLOA MACRA *›AUREOLA‹*

❄ 45 cm ☼ ◑ F St Te Fr So

Anmutiges Gras mit sich biegenden, gold-grün gestreiften Blättern und rostroten Blüten.

HELIOTROPIUM

❢ 30 cm+ ☼ T St Au So

Heliotrop. Immergrüne Pflanzen für Garten und Balkon mit runzeligen dunklen Blättern und dunkelvioletten duftenden Blütendolden, die den ganzen Sommer über erscheinen.

HOSTA

❄ ❢ verschieden ● ◑ ☼ F Te Fr So

Funkie. Vielgestaltige dauerhafte Staude mit breiten oder schmalen Blättern, die ab Mai austreiben und bei manchen Arten 50 Zentimeter Höhe und mehr erreichen. Die meisten Arten tragen im Sommer hübsche violette Blüten. Schöne Arten und Sorten sind *Hosta sieboldiana* (blaugraue Blätter), *Hosta undulata* ›Albomarginata‹ (›Thomas Hogg‹) (weißbunt), ›Gold Standard‹ und die winzige ›Gold Edger‹. *Hosta plantaginea* hat glänzend hellgrünes Laub und große weiße, angenehm duftende Blüten von September bis Oktober.

OBEN Hosta sieboldiana *ist nur eine von mehreren Funkienarten, die sich für die Topfkultur eignen.*

IMPATIENS

30 cm ● ◑ F Au St So

Springkraut, Balsamine. Ansprechende Gattung von nicht winterharten Pflanzen mit vielen Blütenfarben, die auch an dunklen Standorten schön blühen. Es kommen ständig neue Züchtungen auf den Markt. Bewährte Serien sind Duet, Novette und Super Elfin, die es als Farbmischungen, häufig aber auch in Einzelfarben gibt.

LAVATERA

❄ ❢ verschieden ☼ T Au St So

Buschmalve. Blühwillige Pflanzen, die den ganzen Sommer große Blüten entwickeln. *Lavatera olbia* ›Rosea‹ ist rosa und *Lavatera thuringiaca* ›Barnsley‹ weiß, später silbrigrosa gefärbt, in der Blütenmitte rot.

OBEN Die modernen Gartenformen der Impatiens *haben üppige, leuchtende Blüten und eine lange Blühperiode. Sie blühen selbst im Schatten gut – eine Eigenschaft, die sie mit anderen Vertretern der Familie* Balsaminaceae *teilen.*

LOBELIA

⚕ ❄ verschieden F Au Te St So

Große Gattung mit blauen, violetten oder roten Blüten. Einige Arten, wie *Lobelia cardinalis,* werden sehr hoch und haben kupfriges Laub und blutrote Blüten. Am bekanntesten und beliebtesten ist die 20 Zentimeter hohe blaue *Lobelia erinus,* die einjährig aus Samen zu ziehen ist. Am häufigsten findet man tiefblaue Blüten, aber es gibt noch andere Farben wie etwa ›Cambridge Blue‹ (hellblau), ›Colour Cascade‹ (blau, rosa und violett gemischt) oder ›Crystal Palace‹ (dunkelblaue Blüten, bronzefarbenes Laub).

ORIGANUM

❄ ⚕ ❢ verschieden ☼ T Au St So He

Dost. Die bekannteste Art ist *Origanum vulgare,* doch es gibt auch sehr schöne Zierpflanzen wie *Origanum laevigatum* mit violetten Blüten und mahagonifarbenen Brakteen und *Origanum rotundifolium,* dessen apfelgrün angehauchte rosa Blüten an Hopfen erinnern, nimmt sich auch gut in Töpfen aus.

PELARGONIUM

⌂ verschieden ☼ T St Au Fr So He

Pelargonie. Seit dem frühen 19. Jahrhundert gehört die aus Afrika stammende Pelargonie zu den bedeutendsten Zimmer- und Balkonpflanzen. Alle Arten und Hybriden können in Töpfen wachsen. Aus Platzmangel können hier nur die wichtigsten Gruppen aufgeführt werden:

Duftende Pelargonien Schöne Arten sind *Pelargonium capitatum* (wie Rosen), *Pelargonium crispum* (zitronenartig), *Pelargonium tomentosum* (minzeartig), *Pelargonium quercifolium* (moschusartig).

Zonalpelargonien Klassische Formen mit roten, rosa oder weißen Blüten und rundlichen Blättern, die eine mehr oder weniger ausgeprägte Zone haben. Schöne Sorten: ›Dale Queen‹ (lachsrosa), ›Dolly Varden‹ (rot mit cremefarbener Zone), ›Orange Ricard‹.

Edelpelargonien Blätter einfarbig grün und gezähnt, Blüten trichterförmig in Violett-, Rosa- oder Lavendeltönen. Schöne Sorten: ›Autumn Festival‹ (lachsrosa, weißer Schlund), ›Manx Maid‹ (rosa mit roten Adern), ›Purple Emperor‹.

Efeupelargonien Hängepflanzen mit unbehaartem Laub und vielen Blütenfarben. Schöne Sorten: ›Elegante‹ (creme-grüne Blätter, fliederfarbene Blüten), ›Mini Cascade‹ (rot), ›Amethyst‹ (hellrosalila), ›Barbe Bleu‹ (tiefviolett bis karminrot).

PENSTEMON

⚕ ❢ verschieden ☼ F St Au So He

Bartfaden. Gartenblumen mit roten, rosa, violetten oder blauen Röhrenblüten, die an kräftigen Stielen stehen. Die meisten Hybriden blühen wiederholt, sind aber frostempfindlich. Schöne Sorten: ›Garnet‹ (rot), ›Alice Hindley‹ (lavendel und weiß), ›Sour Grapes‹ (grün und violett), ›Apple Blossom‹ (rosa und weiß), ›Evelyn‹ (rosa).

PETUNIA

⌂ ❢ 30 cm ☼ T Au So

Petunie. Beliebte Sommerblume mit bunten Blütenfarben und leicht klebrigen Blättern. Die zarten

OBEN Viola tricolor *ist ein wildes Stiefmütterchen von besonderer Schönheit, das sich üppig aussät.*

trichter- oder tellerförmigen Blüten erscheinen den ganzen Sommer über. Petunien mögen warmes, trockenes Wetter. Jedes Jahr kommen neue Sorten auf den Markt, besonders populär sind derzeit ›Mirage‹ und ›Joy Multiflora‹. ›Brass Band‹ hat beinahe gelbe Blüten.

SAXIFRAGA

✳ ♀ verschieden ☼ ◐ T F St Au Te Ga

Steinbrech. Große und verschiedenartige Gattung mit zahlreichen Steingartenpflanzen. Wenig anspruchsvoll ist der immergrüne Schattensteinbrech, *Saxifraga urbium,* der im Spätfrühjahr rosa Blütenstände entwickelt. Polsterbildende Arten sehen in Tuff schön aus. *Saxifraga paniculata* ist eine alpine Pflanze und hat weißbekrustete Blattrosetten und große Blütenrispen.

SOLEIROLIA SOLEIROLII

⌂ 🐾 7 cm ● ◐ F Te Ga

Bubiköpfchen. Wuchsfreudiges, mattenbildendes Kraut mit zarten, dünnen Trieben und winzigen grünen Blättern. Gut zum Begrünen kahler Flekken, kann aber wuchern. Nur an geschützten Plätzen ausdauernd.

STACHYS BYZANTINA

✳ 🐾 30 cm ☼ T F St Te Ga

Wollziest. Niedrige Pflanze mit filzigen Blättern, die dichte Teppiche bildet. Auch die Blütenstände sind so dicht behaart, daß die roten Blüten fast verschwinden.

VERBENA

⚡ ✳ verschieden ☼ T F Au St Te So

Garten- oder Balkonblumen mit roten, rosa, blauen oder weißen Blüten, die sich den ganzen Sommer über öffnen. *Verbena bonariensis* wird bis zu zwei Meter hoch, die meisten Verbenen bleiben jedoch unter 30 Zentimeter. *Verbena peruviana* hat leuchtendrote Blütenähren, *Verbena-Hybriden* sind in einem großartigen Farbspektrum erhältlich. ›Sissinghurst‹ ist eine schöne, beinahe winterharte Staude mit rosa Blüten.

VIOLA

✳ ⚡ verschieden ☼ ◐ F Te Au St Ga

Veilchen, Stiefmütterchen. Gattung, die das ganze Jahr im Garten für Farbe sorgt. Es gibt eine Vielzahl von Sorten schönster winterblühender Stiefmütterchen. Das Duftveilchen *Viola odorata* blüht im Frühjahr, das gefüllte Parmaveilchen *Viola suavis* duftet jedoch noch stärker. Zu den Sommerblühern gehört der zumeist blaue, violette oder weiße Dauerblüher *Viola cornuta,* den man in der Wachstumsperiode mehrmals stark zurückschneiden sollte, um eine weitere Blütenentwicklung anzuregen.

GEGENÜBER, OBEN Die Duftmargerite ist eine frostempfindliche Einjahresblume, die ein Meer von Blüten entwickelt. Zunächst sollten die zarten Triebe der Pflanze ausgeknipst werden, damit sie buschig wird. Für einen schönen Blütenflor braucht sie durchlässige Erde und volle Sonne.

EIN- UND ZWEIJAHRESPFLANZEN

BRACHYSCOME IBERIDIFOLIA

❈ ♀ 45 cm ☼ T F Au So

Duftmargerite. Verzweigte Büsche mit duftenden blauen oder rosa Korbblüten, deren weiche Triebe sich anmutig über die Seiten von Pflanzgefäßen biegen, ohne umzuknicken.

CALENDULA

❈ ♀ 30 cm ☼ T F Au So

Gartenringelblume. Alte Gartenpflanze mit Korbblüten in vielen Gelb- oder Orangetönen und hellgrünen Blättern. Die ersten Blüten erscheinen schon im Spätwinter, doch wenn man welke Blüten immer entfernt, blühen die Pflanzen bis zum Sommerende weiter. Sie lassen sich leicht aus Samen ziehen, die direkt in die Töpfe gesät werden. ›Art Shades‹ ist kräftig und in einer schönen Farbpalette von Tieforange bis Blaßgelb erhältlich.

CAPSICUM

☽ ♀ 90 cm ☼ T F Au So He

Paprika. Nachtschattengewächse mit Früchten, die erst grün sind, dann rot und anschließend gelb werden. Sorten wie ›Holiday Cheer‹ sind in erster Linie Zierpflanzen, viele andere Vertreter dieser Familie, wie Auberginen, Paprika und Chillies, können jedoch sowohl als Nutz- wie als Zierpflanzen gezogen werden.

CHEIRANTHUS

☽ ♀ verschieden ☼ T Au St Fr

Goldlack. Zweijahrespflanze mit duftenden Blüten. Von den nicht vollkommen winterharten Pflanzen sind *Cheiranthus cheiri* (purpur-braun) und *Erysimum allionii* (gelb-orangefarben) zu empfehlen.

ONOPORDUM

❈ ♀ 2,5 m ☼ T Au Fr So

Eselsdistel. Gewaltige Pflanze mit silbernen, filzigen Blättern und tückischen Dornen, die im zweiten Jahr riesige lilablaue Blüten entwickelt. Für kleine Gärten ist sie nicht geeignet.

RESEDA ODORATA

❈ ♀ 60 cm ☼ F Au So

Gartenreseda. Einjährig gezogene Pflanze, deren grünliche Blüten zwar unauffällig sind, jedoch süß duften und eine unwiderstehliche Anziehung auf Bienen ausüben.

SOLANUM CAPSICASTRUM

⌂ ♀ 30 cm ☼ F Au Wi

Korallenkirsche. Dekorativer Vertreter der Nachtschattengewächse mit tiefgrünem Laub, kleinen weiß-orangefarbenen Blüten und länglichen orangeroten Früchten.

◐ Halbschatten | ● Schatten | T trocken | F feucht | < pH 7 braucht sauren Boden | Au Aussaat | St Stecklinge | Te Teilung

ZWIEBEL- UND KNOLLENPFLANZEN

AGAPANTHUS

❄ ⌂ ⬍ 90 cm ☼ T Au Te So

Schmucklilie. Liliengewächs mit riemenförmigen Blättern und hohen Blütenschäften, an denen in großen Dolden zahlreiche zartblaue Blüten stehen. Besonders schön sind die recht robusten *Agapanthus-Headbourne-Hybriden* und *Agapanthus inapertus,* eine hohe Pflanze mit vielen Blüten.

ALLIUM

❄ ⬍ verschieden ☼ T Au Te Fr So

Lauch. Große Gattung mit dankbaren und schönen Pflanzen, die sich leicht kultivieren lassen. Die Blütenfarben reichen von Violett über Rosa und Blau bis Reinweiß. Viele Arten haben einen stechenden Geruch. In *Allium schoenoprasum,* dem Schnittlauch, und *Allium nigrum* verbinden sich Nützlichkeit und Schönheit. *Allium aflatunense, Allium giganteum* und *Allium christophii* tragen im Frühsommer herrliche violette Blütendolden. Gelb blühen *Allium moly* und *Allium flavum.* Der winzige *Allium oreophilum* glüht wie ein Rubin. *Allium karataviense* entwickelt im Frühjahr dekorativ blaugrüne Blätter mit rötlichen Unterseiten.

ANEMONE

❄ ⬍ verschieden ☼ T Au Te Fr So

Gartenpflanzen in sehr unterschiedlichen Größen und mit roten, blauen, gelben, rosa oder weißen Blüten. Die nur 15 Zentimeter große *Anemone apennina* blüht im Frühjahr. Die Sorten ›St Brigid‹ (gefüllt) und ›de Caen‹ (einfach) eignen sich gut für die Topfgartenkultur, ebenso *Anemone blanda* (blau, rosa und weiß) und *Anemone fulgens* (rot).

CROCUS

❄ ⬍ 10 cm ☼ T Au Te Wi Fr He

Krokus. Große Gattung winterharter Winter-, Frühjahrs- und Herbstblüher mit gelben, blauen oder weißen Blüten. Von den großblütigen holländischen Hybriden sind gelbe, tiefblaue, weiße und gestreifte Sorten im Handel. Zu den Herbstblühern gehören *Crocus speciosus* und *Crocus kotschyanus* ssp. *kotschyanus,* beide blühen lavendelblau. Winterarten sind *Crocus ancyrensis* (orangegelb), *Crocus imperati* (beigefarben und lavendel) und die vielen Sorten von *Crocus chrysanthus,* die gelb, violett, creme- und bronzefarben blühen.

❄ frosthart | ⚡ frostempfindlich | ⌂ nicht frosthart | ⬍ aufrecht | 🐾 kriechend/kletternd/mattenbildend | ❦ buschig | ☼ Sonne

CYCLAMEN

✳ ⬇ 10 cm ☼ ◗ T Au He Fr

Freilandalpenveilchen. Zu den frostharten Arten, die weiß oder rosa blühen, gehören der Herbstblüher *Cyclamen hederifolium* und der Winterblüher *Cyclamen coum*. Anhaltende, starke Fröste vertragen die Pflanzen jedoch auch nicht.

GLADIOLUS

ⵣ ⬇ verschieden ☼ T Te Au So He

Gladiole. Gartenblume mit allen Blütenfarben außer Blau. Es gibt eine riesige Auswahl an Sorten, die von der kleinen *Gladiolus primulinus* bis zu riesigen Edelgladiolen reichen. Schöne Sorten sind ›The Bride‹, die zartgelbe *Gladiolus natalensis* var. *primulinus* und der Herbstblüher *Gladiolus purpureoauratus* mit einer Kappe über der Blüte.

LILIUM

✳ ⵣ verschieden ☼ ◗ F Au Te So He

Lilie. Große Gattung mit vielen schönen duftenden Formen, die in Töpfen gut gedeihen. Wichtig ist humusreiche Erde, eine regelmäßige Düngung ist nützlich. Große spätblühende Lilien wie *Lilium speciosum* (weiß), *Lilium auratum* (weiß und rosa) oder *Lilium regale* (weiß) und ihre Hybriden (viele Töne) sind besonders geeignet.

MUSCARI

✳ ⬇ 15 cm ☼ T Te Au Fr

Traubenhyazinthe. Kleine frühblühende Pflanzen mit meist blauen, runden Blütchen, die in Traubenähren stehen. *Muscari botryoides*, *Muscari armeniacum* und *Muscari comosum* sind leicht zu ziehen. Auch die engverwandten Gattungen *Chionodoxa* und *Scilla* sorgen früh im Jahr für Farbe und breiten sich bald aus.

GEGENÜBER, LINKS Diese Schmucklilien-Hybride wächst kräftig und blüht üppig.

GEGENÜBER, RECHTS Allium karataviense ist eine von vielen schönen Zierlaucharten.

NARCISSUS

✳ ⬇ verschieden ☼ ◗ F T Te Au Fr

Osterglocke, Narzisse, Jonquille. Frühlingsblumen mit duftenden gelben und weißen Blüten. Weiße Narzissen eignen sich besonders gut für Töpfe und bieten sich zum Treiben an. Bei einigen größeren Osterglocken sieht das Laub nach der Blüte unordentlich aus, doch ›February Gold‹ und ›Peeping Tom‹ (gelb) und späte Jonquillen wie ›Bobbysoxer‹ (gelb) wachsen ordentlicher.

TULIPA

✳ ⬇ verschieden ☼ T Te Fr

Tulpe. Sortenreiche Gattung mit Blüten in Rot, Gelb, Orange, Rosa, Creme oder Weiß. Alle Tulpen gedeihen in Töpfen gut. Gefüllte Zwergformen, riesige »Züchtertulpen«, lilienblütige Hybriden und die meisten Wildtulpen sorgen im Frühjahr für bunte Farbtupfer. Leuchtende Blüten haben *Tulipa greigii* und *Tulipa kaufmanniana*.

UNTEN Cyclamen persicum hat von allen Alpenveilchen den schönsten Duft und die wohlgeformtesten Blüten, aber es ist nicht winterhart.

REGISTER

Danksagung

(l = links; o = oben; r = rechts; u = unten)

Marijke Heuff und der Verlag danken folgenden Personen und Betrieben für das Fotografieren ihrer Gärten:

Seite 1 The Priona Gardens; 2 Gartenbaubetrieb Overhagen; 3 Gartengestalter Els Prost; 5 l Frau und Herrn Kloeg-Ammerlaan; 5 r Herrn J. van den Brink; 6/7 Quinta do Palheira Ferrairo; 8/9 Frau und Herrn Merton, The Old Rectory; 10 l Frau und Herrn Brinkworth; 10 r Walda Pairon Giardini; 11 Frau L. Goossenaerts-Miedema; 12 o Gartenbaubetrieb de Kleine Plantage; 12 u Frau und Herrn van Wijk-Mijnlief; 13 o The Priona Gardens; 13 u Gartenbaubetrieb Overhagen; 14 l The Priona Gardens; 14 r Gartenbaubetrieb de Rhulenhof; 15 Frau und Herrn Groenewegen-Groot; 16 Gardens Mien Ruys; 16/17 Frau und Herrn ter Kuile-Nijpels; 17 o Gartenbaubetrieb Overhagen; 17 u Frau und Herrn Merton, The Old Rectory; 18 l Frau und Herrn Helsen-Buurman; 18 r Ton ter Linden; 19 l Gardens Mien Ruys; 19 r Walda Pairon Giardini; 22 Frau und Herrn Helsen-Buurman; 23 Frau und Herrn Begeyter; 24 Herrn O. Hoek; 25 Frau und Herrn Begeyter; 26 Gartenbaubetrieb de Rhulenhof; 27 Gartengestalter Tim du Val; 28/29 Frau L. Goossenaerts-Miedema; 30 Frau und Herrn Mariée-Jansen; 31 o l, u l Gardens Mien Ruys; 31 o r Walenburg; 31 u r The Priona Gardens; 32 Ineke Greve; 33 o Frau und Herrn Lambooy-Raats; 33 u Frau und Herrn ter Kuile-Nijpels; 34 Gartenbaubetrieb Overhagen; 35 o Herrn L. J. Ph. Groeneveld; 35 u l Gartenbaubetrieb de Rhulenhof; 35 u r Gartenbaubetrieb de Kleine Plantage; 36 o Gartengestalter Tim du Val; 41 l, r Frau und Herrn P. Benbridge, Flopsy Cottage; 44 Frau M. van Bennekom-Scheffer; 45 Frau und Herrn Michielsen-van Pelt; 46/47 Frau Anthony Biddulph; 48 Frau und Major Mordaunt-Hare, Fitzhouse; 49 Frau und Herrn Merton, The Old Rectory; 51 Herrn D. Burgess; 52 Patricia van Roosmalen; 53 o Architekt John Burgee, Gartengestalter Gwen Burgee und Tim du Val; 53 u Marijke Heuff; 55 o l Frau M. van Bennekom-Scheffer; 58 l Val Gerry, Entwurf, Gestaltung und Pflege; 59 Frau und Herrn Langendijk-Egger; 60/61 Ineke Greve; 61 Val Gerry, Entwurf, Gestaltung und Pflege; 62 Maggie Geiger, The Window Box; 63 Gartengestalter Ada Roest; 64 Maggie Geiger, The Window Box; 65 o Sigurd Ludke; 65 u Val Gerry, Entwurf, Gestaltung und Pflege; 67 l Dr. Z. Lothane; 67 r Val Gerry, Entwurf, Gestaltung und Pflege; 68/69 Maggie Geiger, The Window Box; 69 o Val Gerry, Entwurf, Gestaltung und Pflege; 70 Frau und Herrn Langendijk-Egger; 70/71 Val Gerry, Entwurf, Gestaltung und Pflege; 72 Dr. Z. Lothane; 73 Gartengestalter Tim Du Val; 74 r Frau und Herrn Gerritsen-Buurman; 75 l Frau Y. Hitchcock; 76 l Tintinhull; 76 r Herrn D. Burgess; 77 Walda Pairon Giardini; 79 Frau und Herrn Gentis; 81 Gartengestalter Barry Turner; 83 o Herrn D. Burgess; 83 u Botanical Garden, New York Bronx; 84 Gartengestalter Ada Roest; 85 Frau und Herrn van Doorn-Timmers; 86/87 Frau und Herrn Leenaars-Trommelen; 87 r Gartenbaubetrieb Overhagen; 88/89 Frau und Herrn ter Kuile-Nijpels; 90 r Frau und Herrn van Edde-Fokker; 91 Frau H. van der Upwich-Koffler; 92 Huizinghe »De Loet«; 94 o l Ineke Greve; 94 o r Gartengestalter Piet Blanckaert; 94 u Herrn L. J. Ph. Groeneveld; 95 u r Frau und Herrn Leenaars-Trommelen; 96 Jaap Niewenhuis und Paula Thies; 96/97 Gartengestalter Anthony Paul; 97 Patricia van Roosmalen; 98 Walda Pairon Giardini; 99 o The Priona Gardens; 99 u Frau und Herrn Gerritsen-Buurman; 100/101 Ineke Greve; 101 o Gardens Mien Ruys; 101 u Frau M. van Bennekom-Scheffer; 104 o Frau und Herrn van Eede-Scheffer; 105, 106 Frau und Herrn Helsen-Buurman; 108, 109 Herrn A. Roger und Herrn N. Roger, Dundonnell; 110 o Herrn L. J. Ph. Groeneveld; 110 u John Brookes, Denmans; 111 Frau und Herrn Eschauzier-van Rood; 112 John Brookes, Denmans; 113 Frau und Herrn Eschauzier-van Rood; 114 Gardens Mien Ruys; 116 Frau und Herrn Langendijk-Egger; 117 The Priona Gardens; 118/119 Frau und Herrn Braam-Holierhoek; 120 Walda Pairon Giardini; 121 u Gartengestalter Barry Turner; 123 Frau und Herrn Knottenbelt-van der Waal; 125 Maggie Geiger, The Window Box; 127 o Frau und Herrn Langendijk-Egger; 127 u, 128 Gardens Mien Ruys; 130 Herrn J. van den Brink; 130/131, 132 Walda Pairon Giardini; 137 Herrn L. J. Ph. Groeneveld; 139 Frau und Herrn Lambooy-Raats; 140/141 Gardens Mien Ruys; 142 Frau und Herrn van Doorn-Timmers; 143 Gartengestalter Daniel Stewart; 144 Ineke Greve; 146 Frau L. Goossenaerts-Miedema; 147 Gartengestalter Els Prost; 148 Herr J. L. Ph. Groeneveld; 149 The Priona Gardens; 150 Gartenbaubetrieb de Rhulenhof; 152 Frau L. Goossenaerts-Miedema; 153 Gardens Mien Ruys; 154 Frau und Herrn van der Upwich-Koffler; 155 The Priona Gardens; 156 r Frau L. Kloeg-Ammerlaan.

Danksagung des Autors

So viele Gartenliebhaber stellten mir großzügig und mit Begeisterung ihre Erfahrungen zur Verfügung, daß ein zweiter Band erforderlich wäre, sollte ich sie alle einzeln erwähnen. Ihnen sei auf diese Weise herzlich gedankt.
Besonderer Dank gebührt Frank Constable und Mark Mattock, Mitglieder der *Britain-in-Bloom*-Jury, für ihre unentbehrlichen Hinweise für das erfolgreiche Bepflanzen von Gefäßen sowie Ashley Stephenson, Verwalter der *Royal Parks*, für seinen Rat zu den Themen Düngung und Substrate und Bepflanzen von öffentlichen Plätzen.
Die *Royal Horticultural Society* hat sich wie immer als eine freigebige Informationsquelle erwiesen, nicht allein durch ihre einzigartige *Lindley Library*, sondern auch durch die Zusammenarbeit mit ihren zahlreichen Spezialisten und Mitarbeitern.
Schließlich danke ich meiner Familie dafür, daß sie Nachsicht für die entstandenen Verdrießlichkeiten hatte.